Denis G

L'art roman en Bourgogne

Photographies : Hervé Champollion

ÉDITIONS OUEST-FRANCE
13, rue du Breil, Rennes

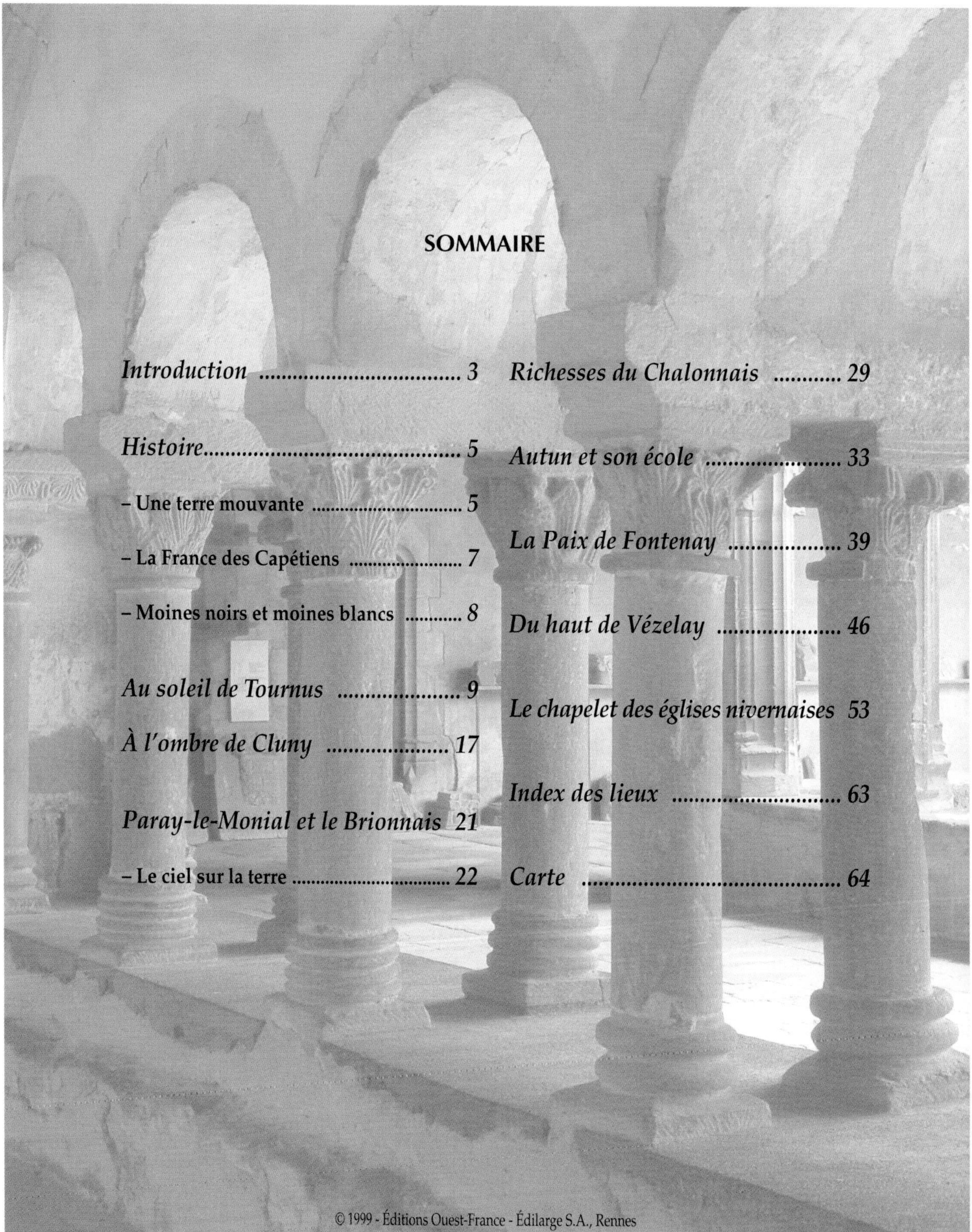

SOMMAIRE

La Charité-sur-Loire

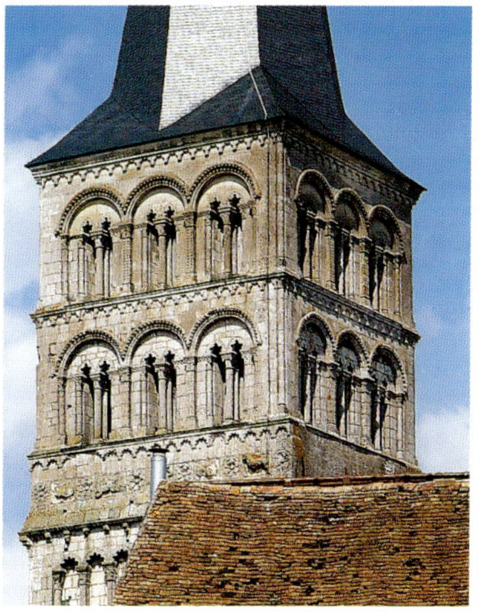

Introduction

Il est difficile de donner des limites à la « Bourgogne romane ». La région de Bourgogne comprend actuellement quatre départements : Côte-d'Or, Nièvre, Saône-et-Loire et Yonne. Les extrêmes de ces départements n'ont pas beaucoup de points communs, mais Saint-Étienne de Nevers, La Charité-sur-Loire, Auxerre, Vézelay, Fontenay, Cluny, Paray-le-Monial, Autun, hauts lieux de l'art roman bourguignon, se trouvent ici. Ce n'est peut-être pas un hasard si Autun se trouve presque au centre : Augustodunum, la ville qui a succédé à Bibracte. Quand on parle de Bourgogne romane, il faut évoquer la Bourgogne gallo-romaine avec Bibracte et

Charnay-les-Mâcon

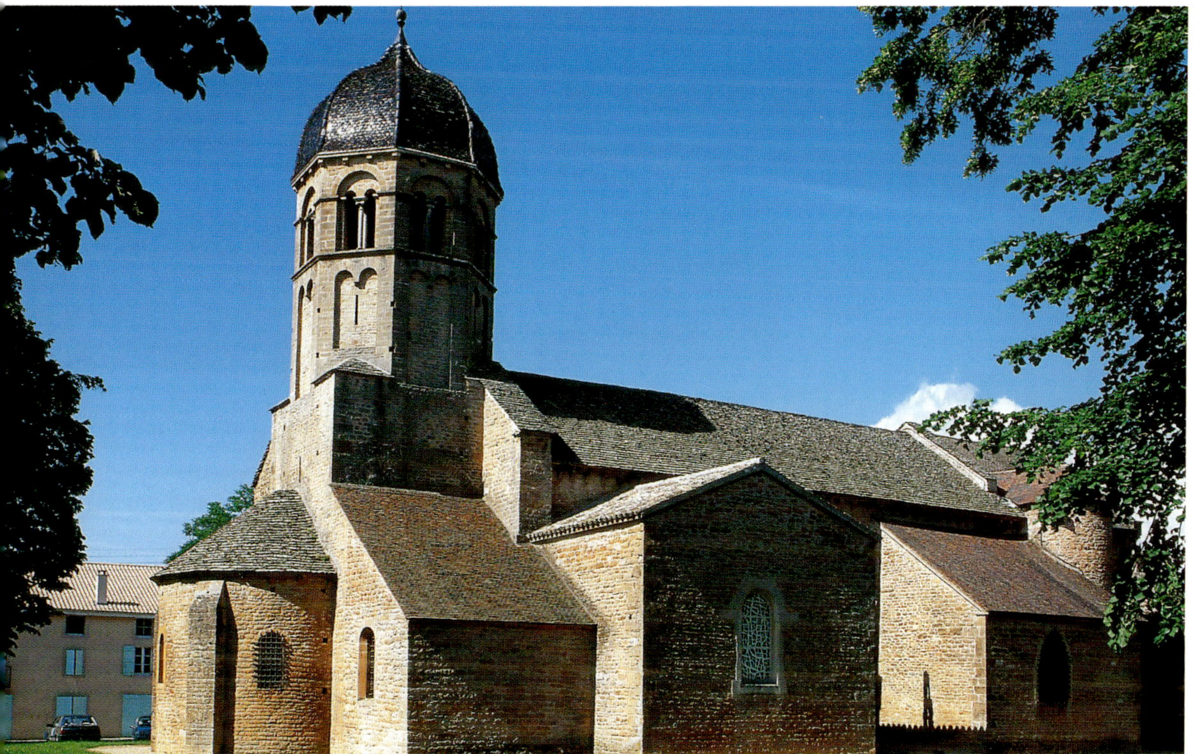

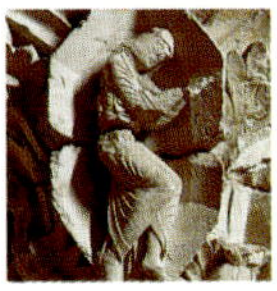

L'art roman en Bourgogne

Alésia, deux cités qui ont été le point de départ d'une nouvelle culture.

Mais il ne suffit pas de citer le nom des grandes églises romanes pour se trouver satisfait. Avant les hauts lieux ou juste après eux, il y a eu d'innombrables réalisations que l'on peut encore admirer dans les bourgades les plus simples, les plus humbles, où moines et maçons ont élevé avec amour des églises, sans recherche, où rien n'est parfait, où tout est complet. Les techniques architecturales ou décoratives ne sont pas arrivées à un haut degré de perfection du jour au lendemain. On ne comprend les grandes églises que si l'on observe les petites qui les entourent.

Dans la Bourgogne romane, il ne faut pas chercher un style unique. L'homme du Moyen Âge est un inventeur-né. On trouve, par exemple à Tournus, toutes les formes de voûtes possibles. De plus, il convient de tenir compte des ordres religieux ; la Bourgogne est le berceau de l'ordre clunisien et de l'ordre cistercien ; mais, à côté de ces ordres, avant eux, il y avait des moines à Tournus, à Saint-Martin d'Autun, à Charlieu et ailleurs.

Toutes les provinces de France sont riches en églises romanes, la Bourgogne l'est plus particulièrement. Il faut se faire pèlerin, aller d'église en église, fréquenter celles des moines noirs, celles des moines blancs, celles des châteaux, celles des paroisses, celles des évêques. Au cours de ce périple affectueux, on ne peut qu'être impressionné par la tranquillité, la solidité, la force et souvent l'élégance de ces hommes qui, du Xe au XIIe siècle, ont bâti dans la moindre bourgade comme dans la cité la plus prospère, dans les bois ou sur les collines, au bord de l'euu et sur les routes de pèlerinages, des églises et des monastères qui respirent encore la santé malgré les guerres, l'insouciance, le mépris et l'abandon.

Bien des églises de cette époque ont disparu par suite des guerres, du feu, de la vétusté et de la négligence. La plus grande vague de destruction date sans aucun doute du XIXe siècle ! Les campagnes se repeuplaient, les églises étaient trop petites ; personne n'a soupçonné que cette augmentation des populations campagnardes n'était qu'un feu de paille. Les arrogants monuments néo-romans ou néo-gothiques ne peuvent faire oublier les charmantes églises détruites dont on ne possède le souvenir que dans les archives ou par des gravures. Le manque d'argent de certaines communautés paroissiales et l'anticléricalisme de nombreuses communes ont sauvé de la destruction d'admirables petites églises condamnées par un clergé un peu trop zélé…

Grâces leur soient rendues !

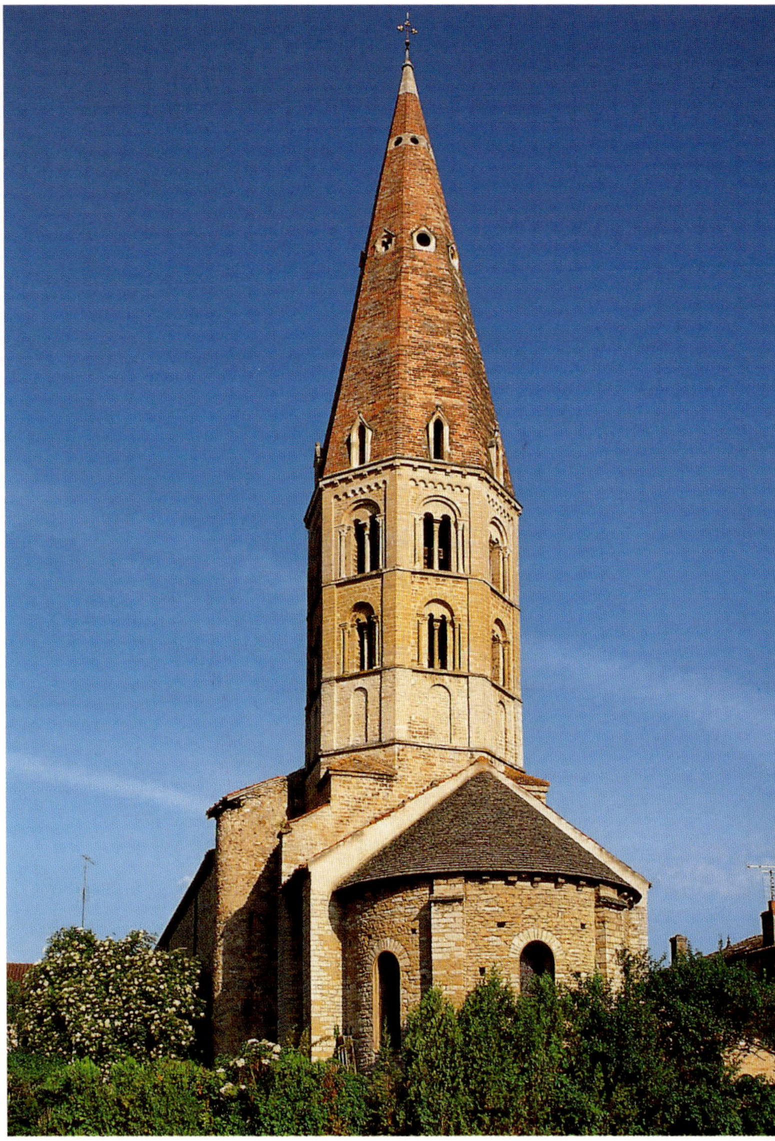

Cluny
Le clocher octogonal de l'église Saint-Marcel à Cluny, l'un des plus réussis de la région. On sent la perfection toute proche de la grande abbaye. La flèche a été modifiée.

Histoire

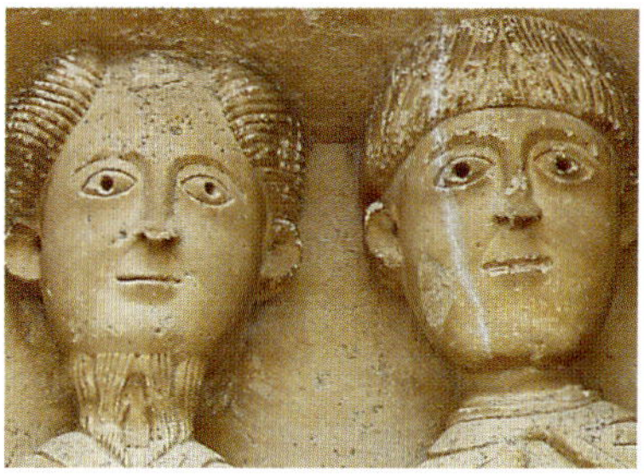

UNE TERRE MOUVANTE

La Bourgogne des XIe et XIIe siècles est une terre mouvante. Une région qui se cherche. Pour se trouver, il lui faudra attendre le XIVe siècle. À l'époque des Carolingiens, le territoire de la Bourgogne actuelle a été l'objet de plusieurs partages ; au moins cinq. Ces dépeçages successifs provoquent un éparpillement de l'autorité ; les comtes et les cités les plus importantes profitent de ces démantèlements. En 843, un dernier partage attribue le territoire approximatif de notre Bourgogne à Charles, fils de Louis le Pieux.

Ce territoire doit devenir le berceau du duché féodal. Richard le Justicier, comte d'Autun à la fin du IXe siècle, s'intitule duc des Bourguignons. En fait, ce sont des clans disparates qui, au cours des IXe et Xe siècles, imposent leur loi. Ils sont dirigés par des familles qui n'ont rien de bourguignon et qui ne laissent aucune dynastie. Les évêques en profitent pour jouer le rôle que personne n'est alors capable de tenir.

Le premier duc de Bourgogne est, en 1002, Robert le Pieux, fils d'Hugues Capet. Son autorité est assez mince, mais avec lui s'établit la dynastie des Capétiens qui restera en place jusqu'en 1361. Le Capétien s'installe à Dijon en 1016. Peu à peu, cette ville deviendra la capitale du duché.

Mars-sur-Allier
le tympan.

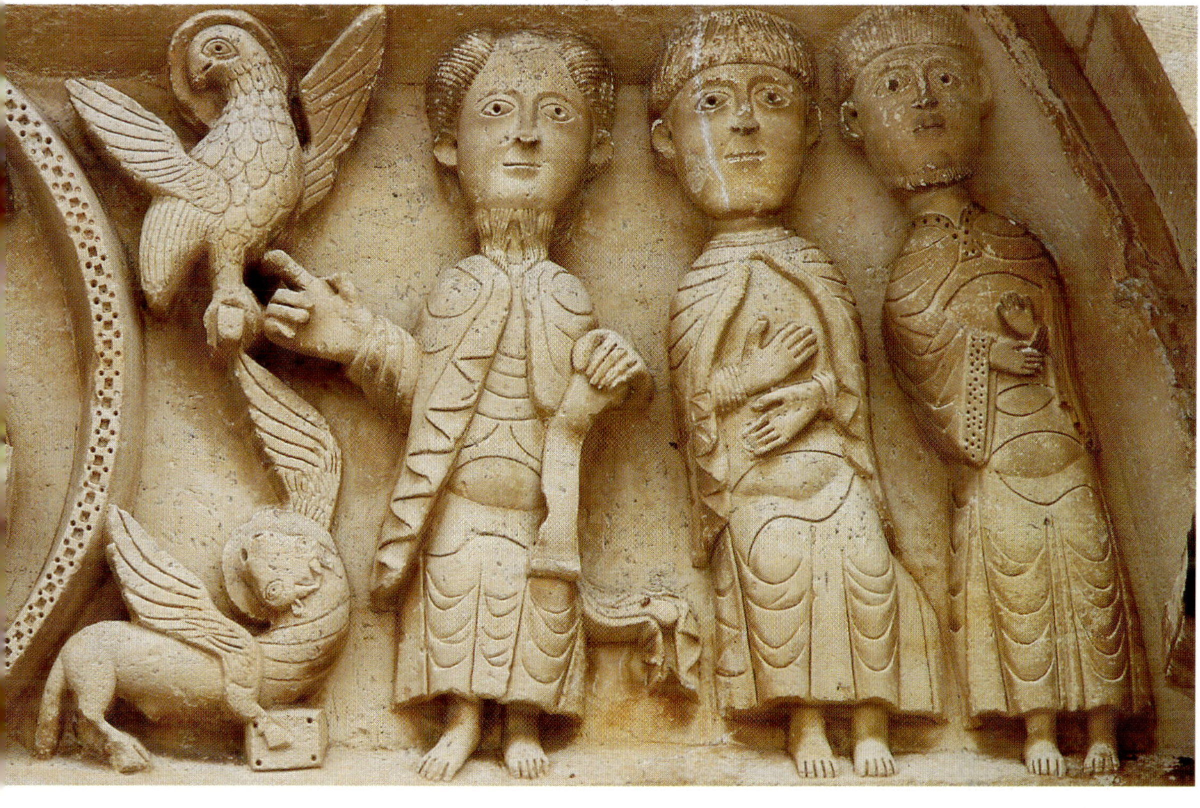

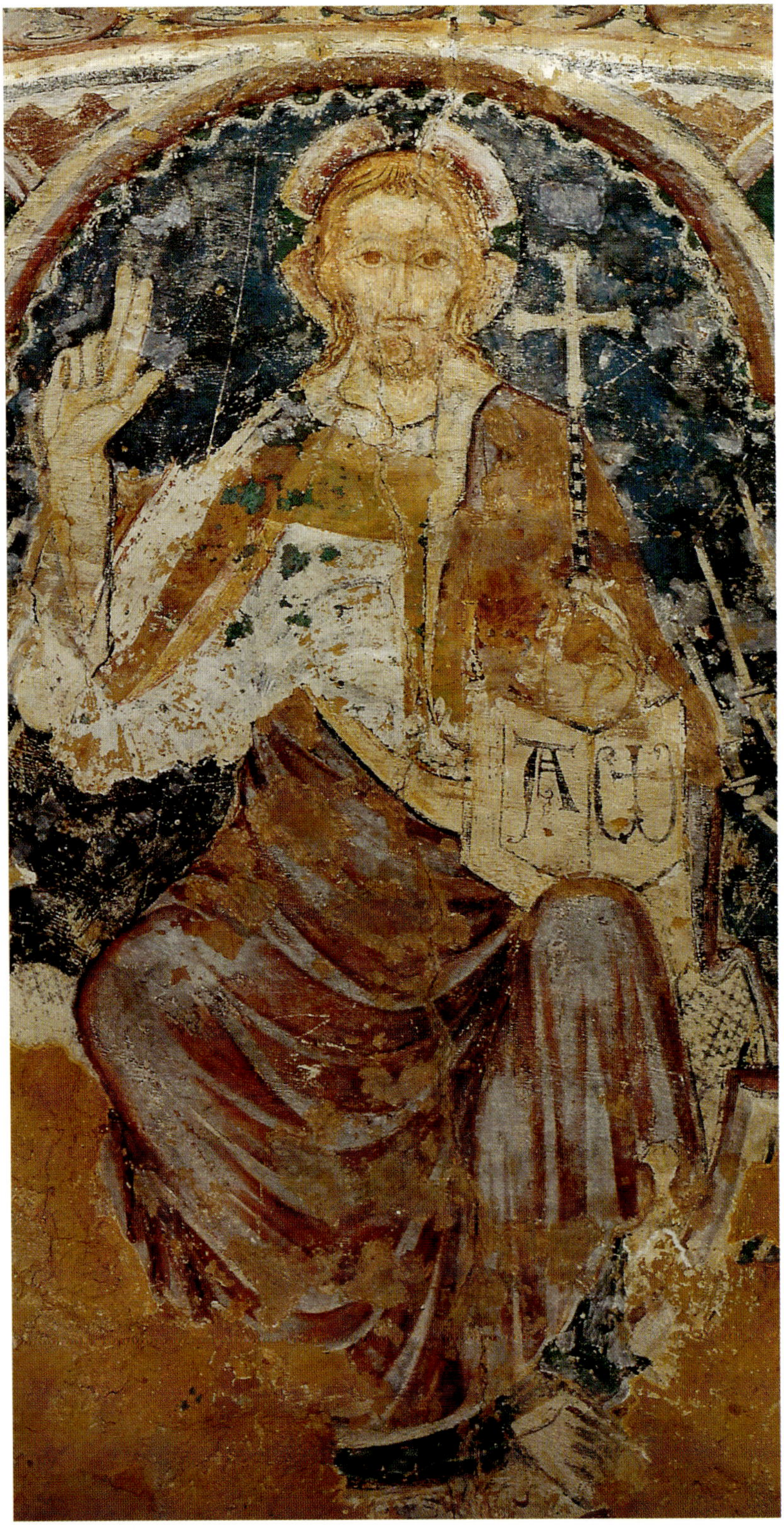

Son fils Henri sera roi de France, et c'est le frère d'Henri, Robert le Vieux, qui deviendra en 1030 le véritable chef de file. Son prestige est facilement défendu. À part la maison de Vergy il n'existe pas de grande famille en face de lui. Il ne dispose cependant pas d'une grande autorité sur un territoire mouvant, ballotté par des interventions autoritaires provoquées au hasard d'alliances familiales. Marié à une fille de la maison de Semur, il commence par assassiner son beau-père et son beau-frère, le propre frère du grand saint Hugues de Cluny. Son petit-fils Hugues lui succède. Homme pondéré, il remet de l'ordre dans les affaires, mais son travail demeure sans lendemain car il se fait moine à Cluny, ce qui provoque une lettre assez verte du pape adressée à l'abbé de Cluny. Très justement le pape fait remarquer à l'abbé que le duc aurait rendu plus de services en restant à son poste !

Deux de ses frères, Eudes, de 1078 à 1102 et Hugues II, de 1102 à 1143 deviennent ducs de Bourgogne. L'autorité des ducs n'est pas évidente : les comtes sont leurs vassaux, mais ils restent maîtres chez eux. Quant aux gens d'Église, ils s'émancipent de plus en plus, passant leur temps à chercher leur indépendance vis-à-vis du pouvoir. Les évêques sont de moins en moins souvent nommés par les ducs, et les monastères se détachent des évêchés pour se rapprocher de Rome, ou pour s'attacher à une maison mère puissante comme Cluny.

Le pouvoir royal s'y retrouve... Saint Bernard, à lui seul, joue un rôle plus important que quiconque. Cer-

Auxerre
Détail de la crypte de la cathédrale.
Le Christ en gloire, le Christ majestueux.

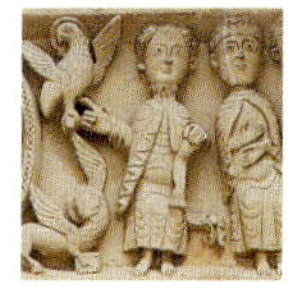

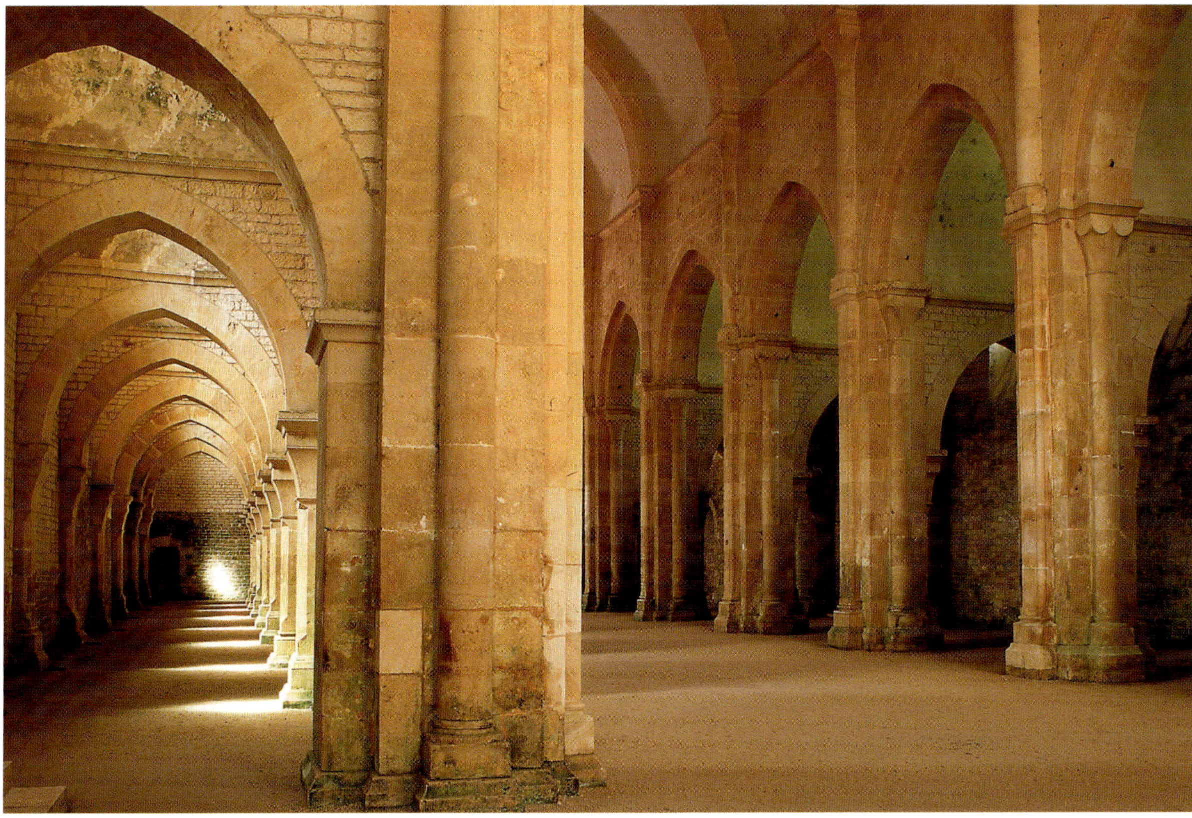

Fontenay
Intérieur de l'église.

taines familles réussissent à accaparer bien des postes importants : quand il s'agit de la famille ducale, la consolidation du pouvoir s'opère peu à peu ; c'est ainsi que le duc Eudes II qui règne de 1143 à 1162, marie son frère Hugues le Roux avec la fille du comte de Chalon ; un autre frère est évêque d'Autun en 1140 (il meurt la même année), mais un troisième frère occupe le siège d'Autun de 1150 à 1170 et un quatrième, Gauthier, est évêque de Langres de 1130 à 1163. L'évêque d'Autun n'a peur de rien : il excommunie son propre frère ! Quoi qu'il en soit, Eudes n'exerce pas une autorité reconnue de tous. Il laisse les seigneurs se battre entre eux et piller les biens d'Église. Lui-même d'ailleurs s'en prend à Vézelay qui a toujours été l'objet de jalousies tenaces.

Sous son successeur Hugues III qui règne de 1162 à 1192, les affaires changent d'orientation en raison de l'alliance du comte de Mâcon avec l'empereur germanique qui éprouve le besoin de rôder aux alentours de la Bourgogne. Le duc se montre bien incapable de résister à tant de pressions, et le roi doit intervenir. Il en profite pour grignoter quelques mottes bourguignonnes. En plein centre du duché, le sire de Vergy refuse l'hommage au duc. Il obtient le soutien du roi et le duc se voit obligé de demander pardon au roi. Il finit par se croiser et meurt en Terre sainte ; la Bourgogne s'est maintenue malgré lui...

Son fils Eudes III a davantage de sagesse ; il règle intelligemment l'affaire de Vergy et laisse son duché en meilleur état. Sa présence est plus sensible et plus efficace, mais il doit éponger les dettes de son père... et les siennes. Ce qui ne facilite pas ses projets !

Au début du XIIIe siècle, la Bourgogne vacille encore. Longtemps après, le duché présentera une physionomie arrêtée et solide, pour devenir sous les grands ducs un territoire prestigieux et redoutable.

LA FRANCE DES CAPÉTIENS

Avec Hugues Capet en 987, la France des Capétiens commence petitement.

La grande habileté des Capétiens est de faire sacrer leur fils aîné de leur vivant. Robert le Pieux (996 à 1031),

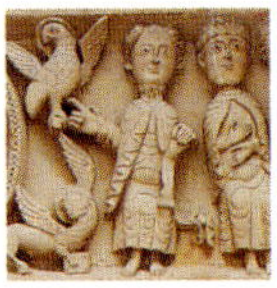

Henri Ier (1031 à 1060), Philippe Ier (1060 à 1108) agrandissent peu à peu leurs domaines. Louis VI le Gros (1108 à 1137) fait accomplir un grand pas à la France et son fils Louis VII (1137 à 1180), grâce à ses capacités et à celles de Suger, l'abbé de Saint-Denis, donne un prestige immense à la France. L'Église joue pendant toute cette époque un rôle de première importance : en raison des grands ordres religieux, clunisiens et cisterciens, et aussi de la papauté ainsi que des croisades. En répudiant Aliénor d'Aquitaine, Louis VII amène l'Angleterre en France. Aliénor en effet se remarie avec Henri Plantagenêt : les Anglais ne quitteront la France qu'au XVe siècle. Philippe Auguste, de 1180 à 1223, est le grand rassembleur et installe pour longtemps la puissance capétienne en France.

MOINES NOIRS ET MOINES BLANCS

L'art roman bourguignon doit beaucoup au développement du monarchisme, apparu ici dans des conditions inconnues jusqu'alors.

Fondée en 909, l'abbaye de Cluny devient bientôt l'un des hauts lieux de la chrétienté. Elle offre à l'Église des saints, des papes, des centaines de fondations religieuses en France, en Italie, en Espagne, dans l'empire, plus loin encore. Les « moines noirs », attachés à la règle de saint Benoît, forment l'un des groupes les plus puissants de l'Occident médiéval.

A côté, l'abbaye bénédictine réformée de Molesme recherche la solitude et l'ascétisme. En 1098, Robert quitte Molesme avec quelques moines et crée le « nouveau monastère » de Cîteaux. Le futur saint Bernard y arrive en 1112, et Cîteaux à son tour est au cœur d'une floraison considérable d'abbayes : plus de cinq cents avant la fin du XIIe siècle. C'est l'essor des « moines blancs », la figure de saint Bernard faisant « écho » à celle de Pierre le Vénérable à Cluny.

Art clunisien, art cistercien…

Mais les XIe et XIIe siècles voient aussi — à côté des ordres fortement centralisés — une multitude d'abbayes isolées ainsi que l'essor des abbayes de chanoines réguliers.

Mouvement spirituel ? oui, mais pas seulement. La société tout entière bouge et se transforme. L'homme exprime dans ses monuments les joies et les peines de sa vie quotidienne, ses craintes parfois mais surtout ses espoirs.

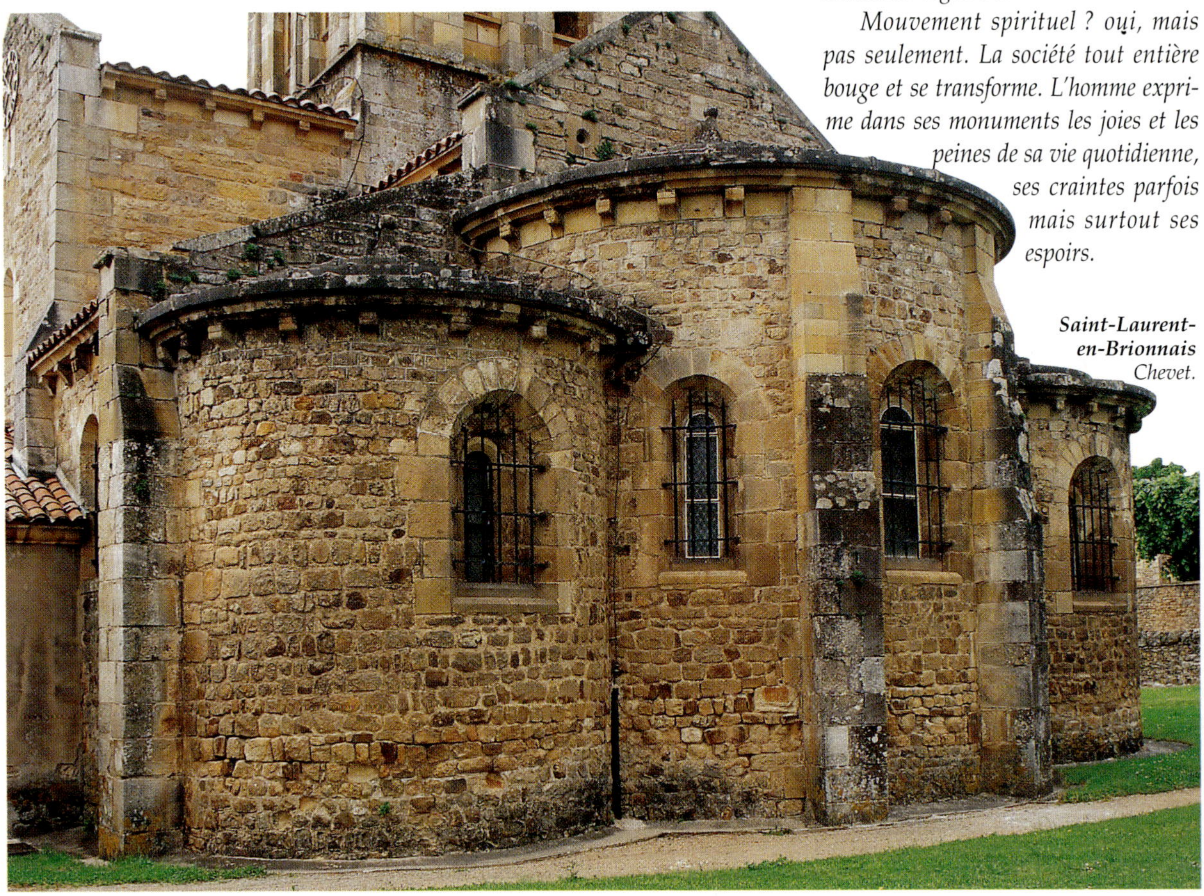

Saint-Laurent-en-Brionnais
Chevet.

Au soleil de Tournus

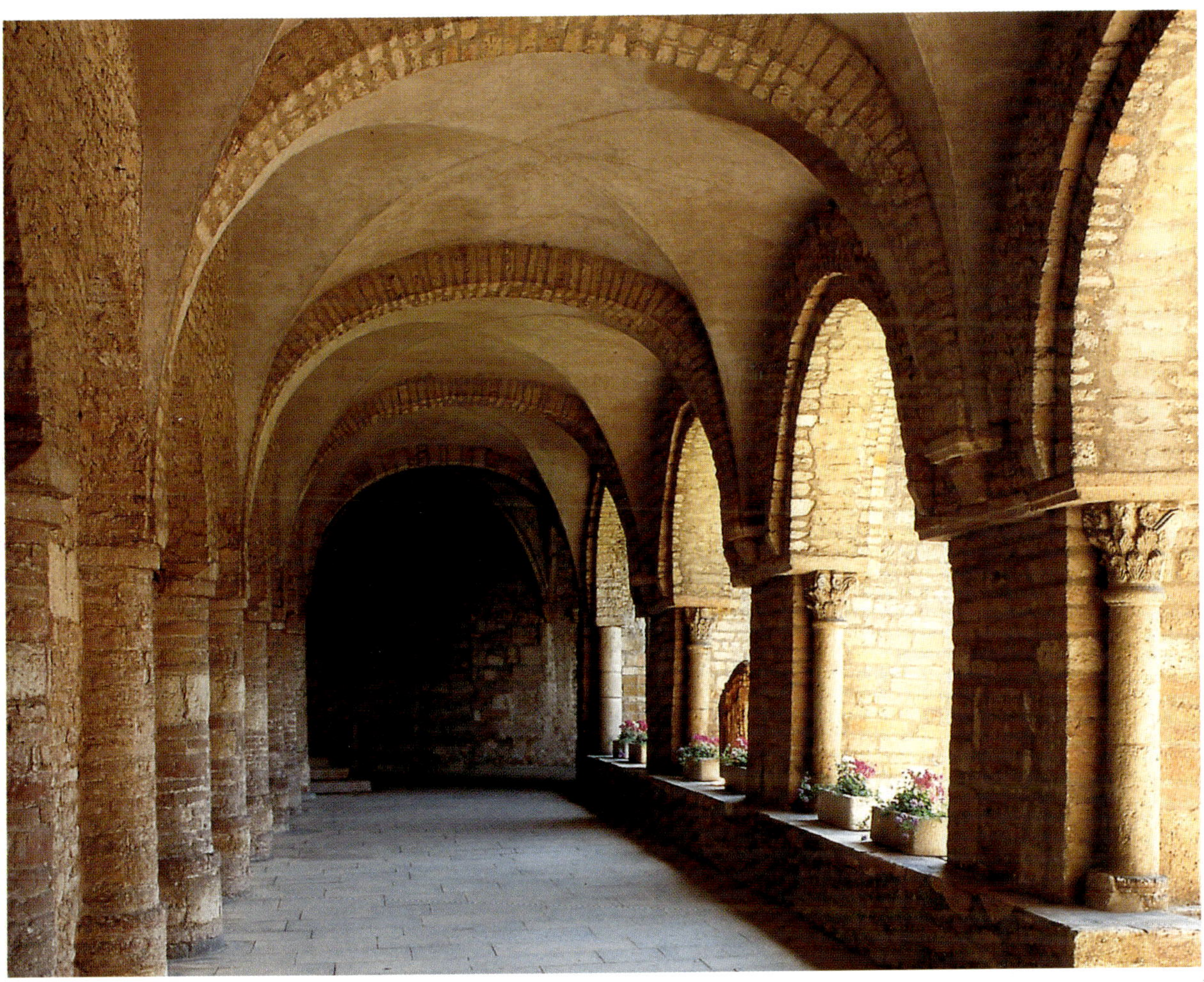

Tournus
Il ne subsiste que deux ailes du cloître de l'abbé Ardain. Les chapiteaux qui l'égayent sont peut-être des réemplois.

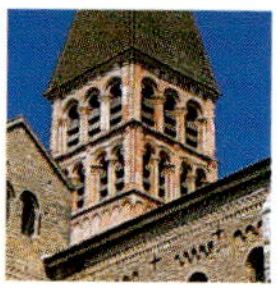

TOURNUS

Valérien et Philibert enfin réconciliés

Tournus

La grande nef de Saint-Philibert de Tournus : au lieu d'être couverte par une seule voûte en berceau, l'église possède entre chaque arcade un berceau transversal perpendiculaire à l'axe de la nef.

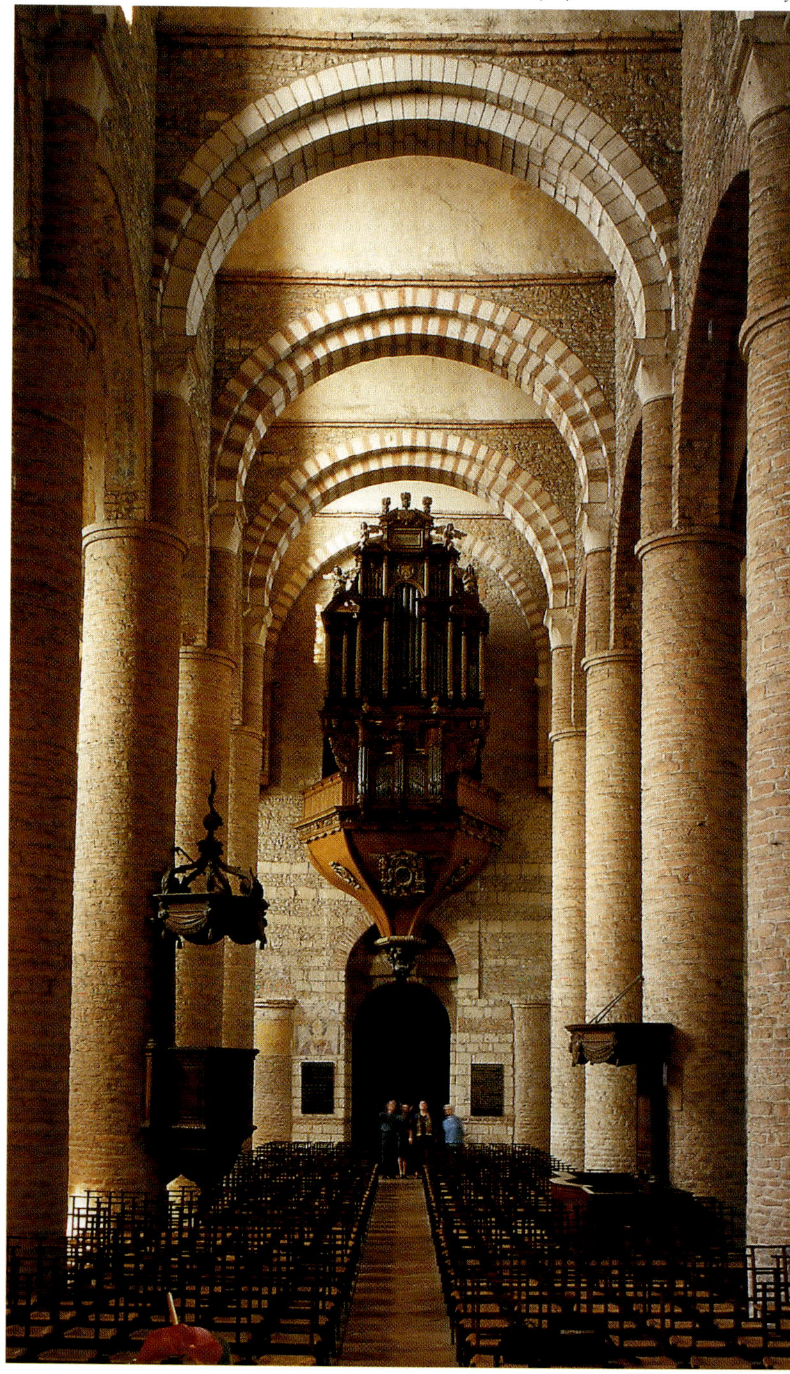

Tournus n'a de raison d'être que par la Saône, qu'on ne voit pas forcément. Depuis toujours, Tournus est un couloir entre la Saône et des collines où tout le monde passe : l'eau et la route, les marchands et les pèlerins ; aujourd'hui encore, les marchands et les pèlerins du soleil.

Tournus réunit deux saints aux noms vieillots : Valérien et Philibert. En leur honneur, a été construite cette extraordinaire église qui, elle, n'arrive pas à être vieillotte ! Une église de maçons, construite en plusieurs fois, on ne sait trop quand. Elle excite les historiens qui n'arrivent pas à se mettre d'accord pour chanter son charme. On ne rencontre pas beaucoup de noms célèbres dans l'histoire de cette église, à part les noms des deux saints reposant dans leur reliquaire et dont peu de monde se préoccupe. Qui se soucie de Valérien, ce vieux saint qui vient de Lyon, qui s'arrêta là, qui fut martyrisé et qu'on vénéra dès le IIe siècle ? Qui se soucie de Philibert, venu de Noirmoutier (en reliquaire), chassé par les Normands et qui, bien que mort, continuera à se promener à travers la France pour aboutir à Tournus ? Il faillit prendre la place de Valérien : ses moines se brouillèrent avec ceux de Valérien ; ils finirent cependant par s'entendre. L'un dort dans la crypte, l'autre veille dans l'église supérieure ; le chef de saint Philibert a été volé en janvier 1998.

C'est du Xe au XIIe siècle que l'église fut bâtie au-dessus d'une

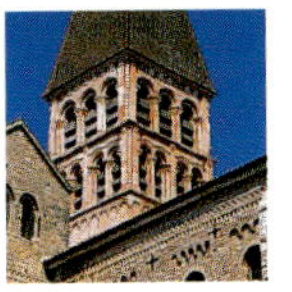

crypte vénérable, remaniée, aux piliers venant d'on ne sait où, aux chapiteaux datant d'on ne sait quand, crypte élégante sous une église extraordinaire.

Le narthex, trapu, supporte une chapelle Saint-Michel lumineuse où l'on contemple deux sculptures mystérieuses : l'une représentant un personnage au marteau, issu des vieilles légendes celtes et l'autre un masque, peut-être un portrait. La grande nef voûtée avec des berceaux transversaux est assurément la partie de l'église la plus admirable. Les piliers, les piles de Tournus sont un enchantement. Elles devraient être massives comme celles du narthex ; elles ne le sont pas parce qu'elles n'en finissent pas de monter, sans rien, sans décor, ni au sol ni au sommet : un travail de primitifs de génie. Ils nous offrent ici ou là des peintures qui égayent leur église, même s'il s'agit d'une crucifixion qui apaise tous les malheureux : c'est son rôle. Ces primitifs ont laissé une Vierge et son Enfant qui donnent la paix à tous les passants. Le chœur et le déambulatoire, plus récents mais encore vénérables, achèvent de donner à cette église un caractère personnel et solennel. Ce qui reste du cloître ainsi que les sculptures présentées dans le chauffoir apportent un supplément de poésie à une église dont l'environnement est des plus réussis grâce aux monuments construits aux siècles suivants. Les deux églises Saint-Valérien et de la Madeleine datent de l'époque romane ; elles en gardent le souvenir dans plusieurs de leurs éléments.

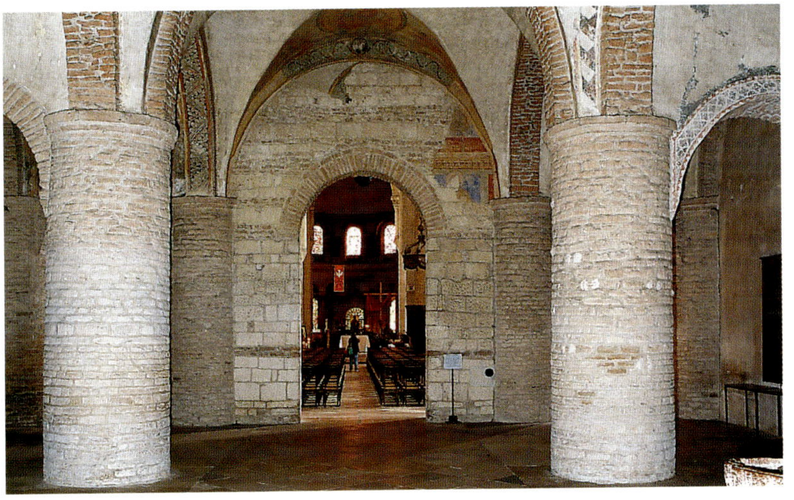

Tournus
Très différent de la nef, le narthex de Tournus est une construction rude et sobre. Les piliers sortent de terre sans aucune décoration, les arcs reposent directement sur les piliers. A-t-on jamais bâti plus simplement ?

Valérien et Philibert de Tournus

Voilà deux hommes peu communs ; or, c'est grâce à eux que l'une des plus célèbres églises romanes de France fut construite. Valérien venait de Lyon où, du temps de Pothin et de Blandine, à la fin du IIe siècle, il fut emprisonné. La porte de sa prison s'ouvrit toute seule ; les saints ont ceci de commun avec les brigands que, dès qu'ils voient une porte de prison ouverte, ils la prennent, ils prennent la porte. Avec son ami Marcel, qui devait s'illustrer à Chalon, il s'arrêta à Tournus, où il fut de nouveau arrêté ; il fut martyrisé en 179, paraît-il. On créa un monastère en son honneur et il se mit à faire des miracles.

Il fut plus tard supplanté par Philibert qui, lui, vécut au VIIe siècle et qui passa sa vie à chercher sa voie du nord au sud, en France et en Italie. Abbé d'un monastère, il était tellement dur que ses moines le mirent à la porte. Il devint abbé de Jumièges ; il était devenu plus doux. Il finit par se réfugier à Noirmoutier où il mourut en 685. Les Normands se promenant dans la région, Philibert se promena, lui aussi... pendant trente-neuf ans, avant d'aboutir à Tournus où il supplanta Valérien. Actuellement, leurs rapports sont excellents !

LE VILLARS

L'église du Villars a deux nefs : l'une utilisée par les religieux bénédictins, l'autre par les fidèles. Les portes d'entrée sont soigneusement décorées d'une sculpture très évoluée, riche et chaude, malheureusement fort endommagée. Un humble et sobre clocher protège cette église originale.

FARGES-LES-MÂCON

L'église de Farges est la petite sœur de Tournus avec ses piles rondes et ses voûtes transversales dans les nefs latérales qui protègent la voûte principale. Elle est rude, sans apprêt. Pleine de défauts, elle possède un tel caractère que tout lui est pardonné. Le chœur, probablement antérieur à la nef, laissait prévoir une église plus petite. Le clocher planté sur le transept, fier et solide, se marie fort bien avec les dimensions de la nef.

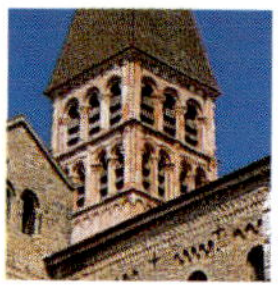

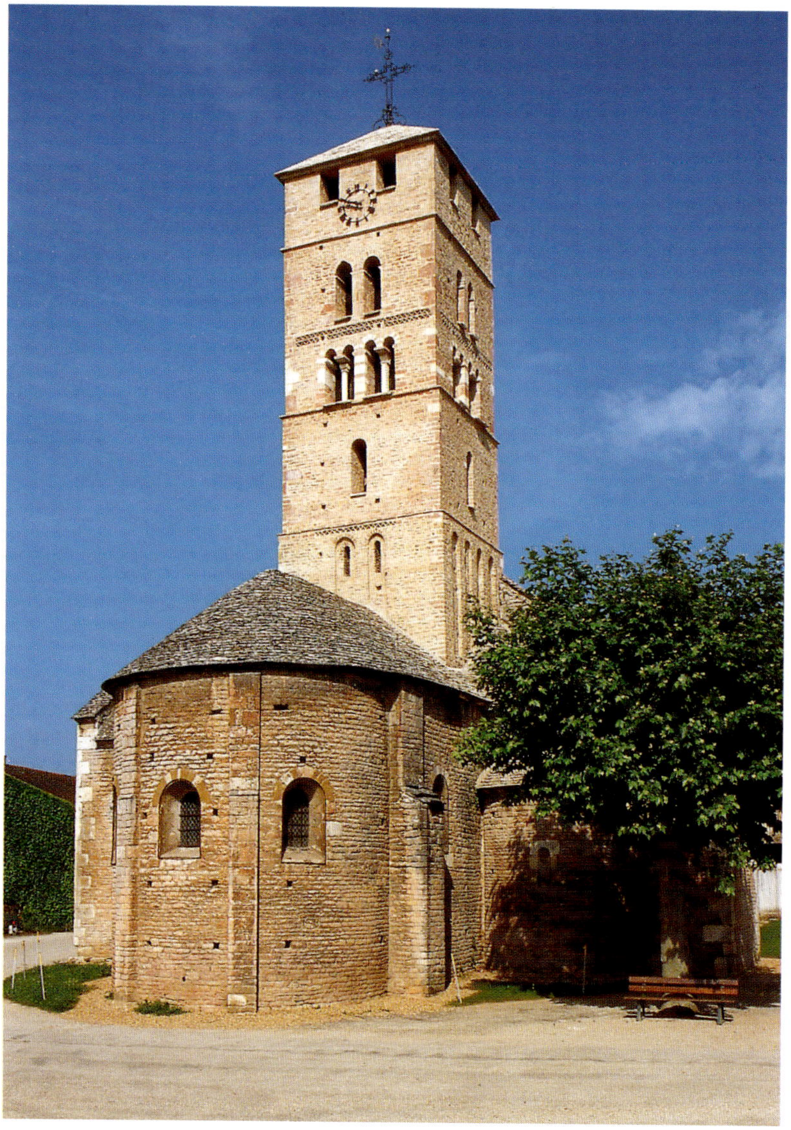

Uchizy
Les clochers des églises servaient fréquemment de points d'observation.

UCHIZY

Le village d'Uchizy est très fier de son clocher, formé d'une haute tour carrée sobrement décorée par des ouvertures harmonieusement placées ; ce clocher fut rehaussé pendant les guerres de Religion, non par orgueil mais, plus prosaïquement, pour constituer avec son cinquième étage un poste d'observation. L'abside de l'église présente d'excellentes proportions, de même que le portail latéral.

À l'intérieur, la nef élégante, très élevée, est voûtée d'un berceau brisé. Grande sobriété et fière allure.

OZENAY

L'église d'Ozenay se présente sous la forme de la ligne droite : le carré, le rectangle et le triangle sont rois ; cela donne un ensemble trapu et solide dominé par un clocher sans histoire. Le porche rajouté ne manque pas de charme et évite que la façade ne soit trop sévère. À l'intérieur, l'arc brisé règne partout, y compris sur les arcades latérales.

BRANCION

Piquée au sommet d'une colline, à proximité respectueuse du château féodal qui a provoqué bien des déboires à l'abbaye de Cluny, à la tête d'un paysage splendide, étalé à ses pieds, protégeant toute une série de villages bien groupés autour de leurs sanctuaires, la petite église de Brancion, riche de sa pauvreté toute cistercienne, est une admirable composition architecturale.

Le clocher surmonté d'une flèche de pierre n'a aucun ornement, pas plus que les absides harmonieusement disposées. Le transept est agrémenté de quelques sobres modillons et la nef est protégée par cinq contreforts discrets ; le tout parvient à être gracieux. L'intérieur de l'église répond aux mêmes normes et présente le même équilibre avec ses voûtes brisées et sa nef aveugle qui n'a rien de sinistre ; les piliers sortent de terre le plus simplement du monde sans chercher aucun effet. Quelques peintures murales du XIVe siècle, même si elles ne sont pas des chefs-d'œuvre, apportent une certaine chaleur à cette église, l'une des plus équilibrées et des plus savoureuses de la région.

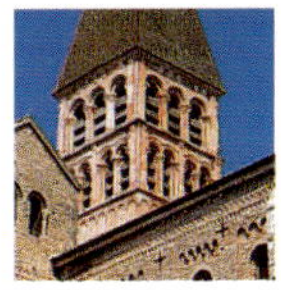

LA CHAPELLE-SOUS-BRANCION

Le grand mérite de l'église de La Chapelle-sous-Brancion, sans prétention et un peu trop restaurée, est de se trouver à l'ombre de celle de Brancion et d'égayer le paysage admirable que l'on a du sommet de la colline. Le portail, fort bien composé, apporte un brin de coquetterie à une église qui risquerait d'être banale. La statue de la Vierge (XVIe siècle) placée dans une niche, à l'extérieur de l'église, ajoute ici une grâce particulière.

LANCHARRE

Lancharre est une église nostalgique ; il ne reste qu'une partie du monument où se mêlent absides, clocher et transept. Tout cela est assez disparate, mais l'arc de l'entrée actuelle ne manque pas de grandeur et permet d'imaginer la grâce qu'avait cette église abritant le chœur de religieuses bénédictines puis de chanoinesses, dont les pierres tombales à l'intérieur rappellent la présence discrète et émouvante.

CHAPAIZE

L'église de Chapaize est un régal pour les yeux avec son clocher qui n'en finit pas de grimper et qui, depuis le Xe siècle, défie les vents, les pluies et le soleil. Les trois absides, quelque peu postérieures, qui se blottissent amoureusement contre le chœur de l'église et la façade, sobre mais fière, contribuent à faire de Chapaize l'une des églises les plus merveilleuses de la Bourgogne. Elle avait tout ce qu'il fallait pour s'effondrer ; elle devrait être depuis longtemps un tas de pierres. Certes, lorsqu'on pénètre dans l'église, on est impressionné par l'épaisseur et la consistance des piles rondes renforcées par des impostes un peu rudes. Cela ne servit à rien : les piles étaient solides mais elles n'étaient pas très utiles pour lutter contre la pression de la voûte qui s'empressa de s'effondrer et qui fut remplacée par la voûte actuelle en berceaux brisés, renforcés à l'extérieur par des contreforts nécessaires. Le clocher lui-même faillit être victime de son poids ; il fallut lui rendre confiance avec une opération énergique faite sur les piliers qui le supportent. Finalement l'audace a été payante !

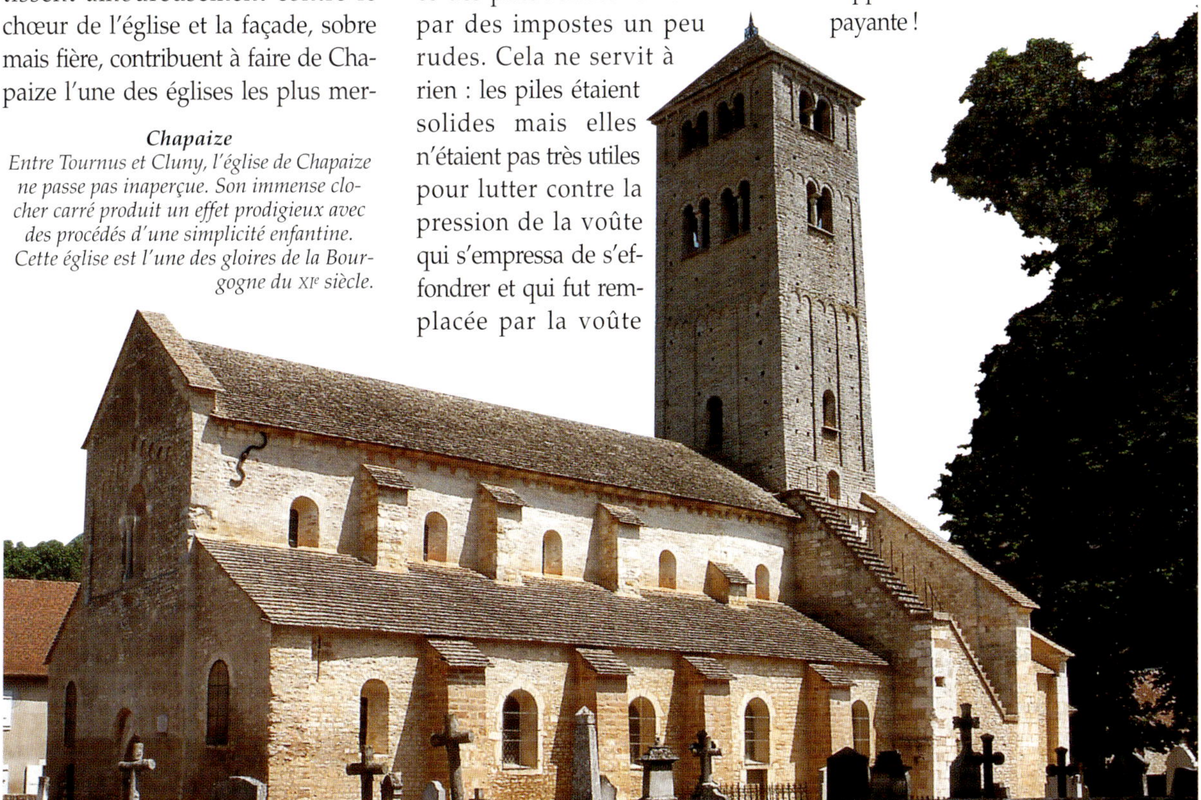

Chapaize
Entre Tournus et Cluny, l'église de Chapaize ne passe pas inaperçue. Son immense clocher carré produit un effet prodigieux avec des procédés d'une simplicité enfantine. Cette église est l'une des gloires de la Bourgogne du XIe siècle.

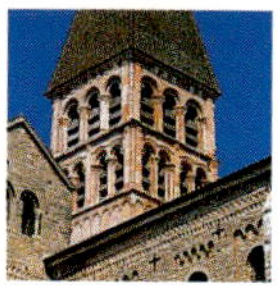

OUGY

Dans la commune de Malay, au hameau d'Ougy, un clocher carré surmonté d'une flèche pyramidale, bien charpentée par deux solides bandes de pierre, domine une petite église sans histoire, parfaite, d'une simplicité et d'une beauté très agréables ; un escalier extérieur monte au clocher : il n'est pas compliqué, simplement beau. À l'intérieur, un reste de fresque représentant saint Philippe attend gentiment de disparaître, hélas !

MALAY

L'église de Malay s'étale. Elle est large, imposante, bien composée, avec un chevet à trois absides qui serait excellent si on n'avait pas eu la mauvaise idée d'y rajouter une sacristie ; le clocher est large lui aussi, pas suffisamment élevé ; il a perdu sa flèche. La façade, imposante ne comporte pas d'entrée ; l'intérieur est un peu froid, c'est une église sobre, bien écrite. Saint Bernard s'y trouverait à l'aise.

SAINT-HIPPOLYTE

L'église de Saint-Hippolyte, située dans la commune de Bonnay, est un cas : c'était une charmante église du début du XIIe siècle avec un chevet fort bien proportionné, un élégant clocher avec bandes lombardes harmonieuses. Au XIVe siècle, l'église a été fortifiée, on en fit un bastion énorme incluant le clocher : le bastion n'a rien protégé, au contraire. L'église n'est plus qu'une ruine, admirable il est vrai.

CRAY

La petite église de Cray, appartenant à la commune de Saint-Marcellin-de-Cray, est paisiblement située dans une campagne silencieuse. Elle ne possède qu'une nef, une abside, un clocher un peu trop large, un portail bien dessiné et sobrement décoré. Elle faillit s'effondrer huit cents ans après sa construction. On vient de découvrir dans l'abside des peintures du XVe siècle réalisées à même la pierre et représentant des apôtres suaves.

CHISSEY-LES-MÂCON

L'église de Chissey a été un peu trop restaurée, mais elle possède l'un de ces clochers merveilleux de la fin du XIe siècle qui contribuent à donner ici un charme particulier à bien des villages. Les chapiteaux sont émouvants, à défaut d'être des œuvres parfaites. Les griffons pompeux et le masque moqueur dont les idées diaboliques sortent par les oreilles et par la gueule datent probablement du XIXe siècle. En revanche, les deux petits chapiteaux, dont l'un représente une Annonce aux bergers et l'autre qui conserve son mystère avec son soldat redoutable, sont du XIIe siècle.

AMEUGNY

Ameugny, c'est une abside vénérable, à ras de terre, un clocher rectangulaire d'un volume respectable, une large nef en berceau brisé, renforcée à l'extérieur par de puissants contreforts, rajoutés après coup. On avait vu trop large, mais on ne manquait pas d'audace : l'église est encore debout.

Taizé
Là où des milliers de jeunes se réunissent dans la nouvelle église, il est émouvant de constater que la bonne vieille église du XIe siècle puisse encore jouer son rôle en favorisant le silence.

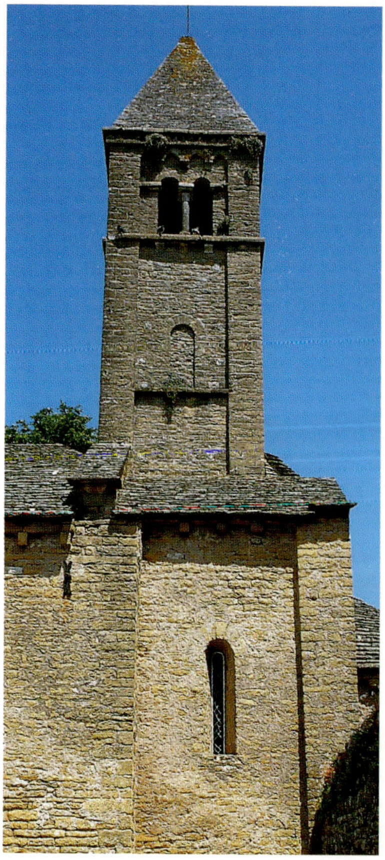

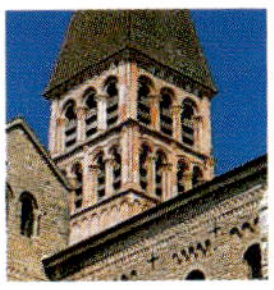

TAIZÉ

La petite église de Taizé représente le summum de la sobriété, sans lourdeur. Une seule nef, une seule abside, un clocher discret ; tout est discret dans cette église bien proportionnée qui respire le silence et le provoque. Il ne faut pas être nombreux dans l'église de Taizé. Seul, on s'y trouve bien.

MASSY

Charmante petite église du Clunisois : charmante par sa situation, par son clocher carré, petit frère de celui de Chapaize avec ses bandes lombardes et sa frise à dents de scie. Peu de chose mais une présence.

BLANOT

L'église de Blanot est intéressante par son clocher carré de la fin du XIe siècle. La partie supérieure a probablement été rajoutée, ainsi que la coiffure originale qui la surmonte. L'abside est un modèle réduit, blotti contre le clocher. L'église se trouve fort bien située à côté de ravissants bâtiments des XVe et XVIe siècles appartenant autrefois à un prieuré clunisien.

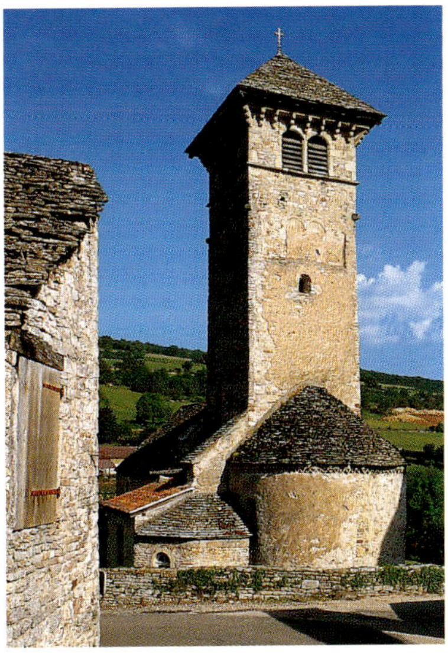

Blanot
Le clocher est trop élevé pour l'abside.

LA VINEUSE

Un site admirable. L'église entière devait l'être aussi. Il ne reste de roman que le clocher carré à flèche pyramidale, l'abside et le transept.

Massy
La petite église est charmante, équilibrée, pacifique.

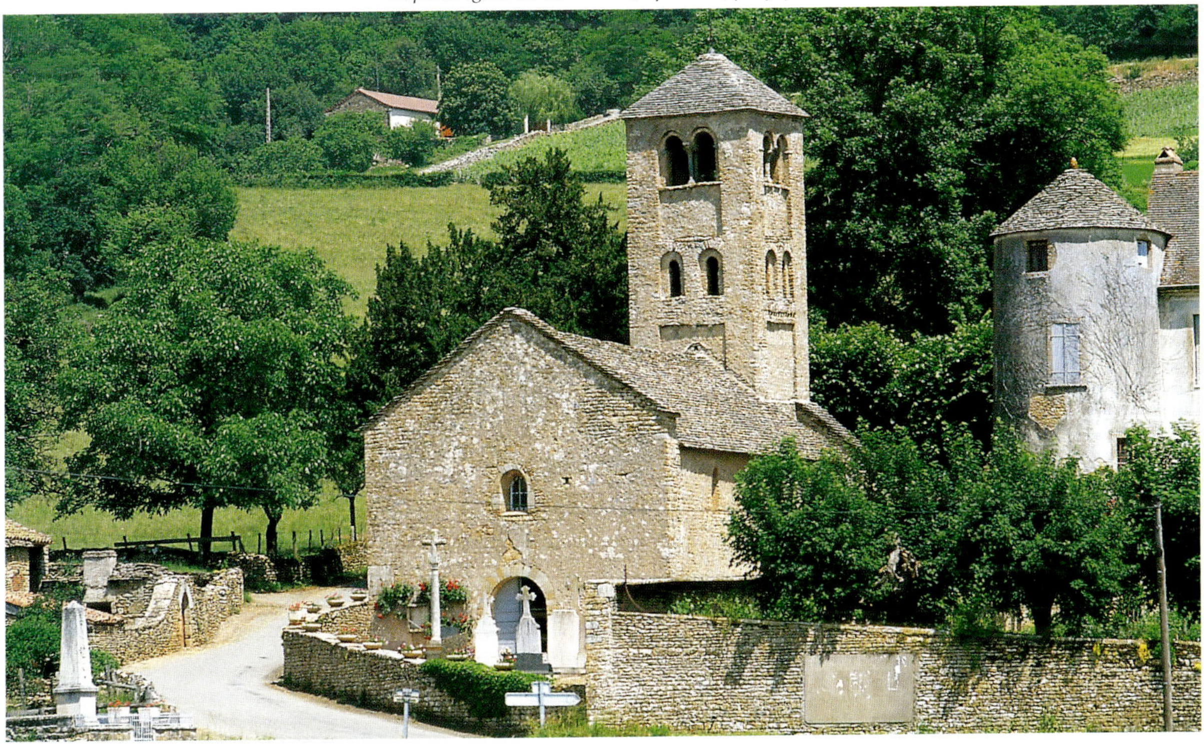

SAINT-VINCENT-DES-PRÉS

Le clocher carré et imposant fait partie de cette intéressante collection de tours qui agrémentent le paysage de toute la région et qui se font pardonner leur poids par toutes sortes de procédés plus ou moins rationnels. Ici, on n'a pas négligé la pierre. L'intérieur de l'église est un couloir étroit et élevé concédé à des masses de pierres énormes où piliers ronds et murs épais laissent bien entendre que rien n'a été ménagé pour assurer la solidité du monument. À la fin, on a eu des scrupules et les deux piliers les plus proches de la porte ont consenti à être moins volumineux ! C'est de l'artisanat, mais solide.

Saint-Vincent-des-Prés
Solide église.

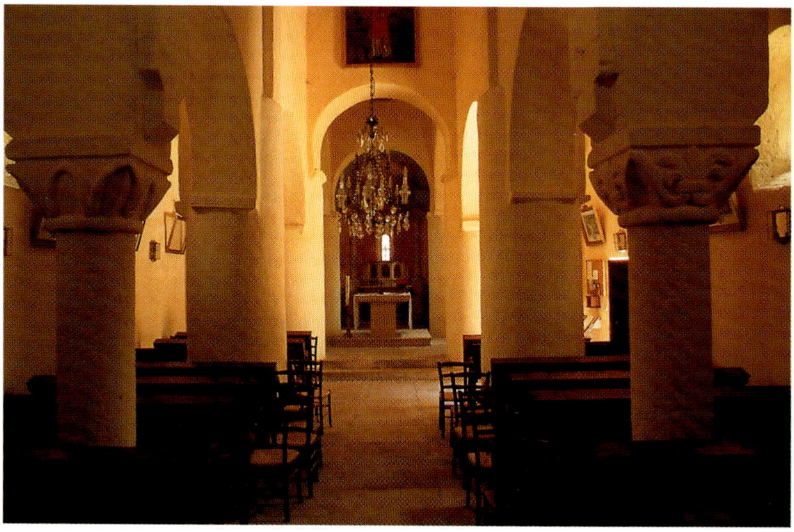

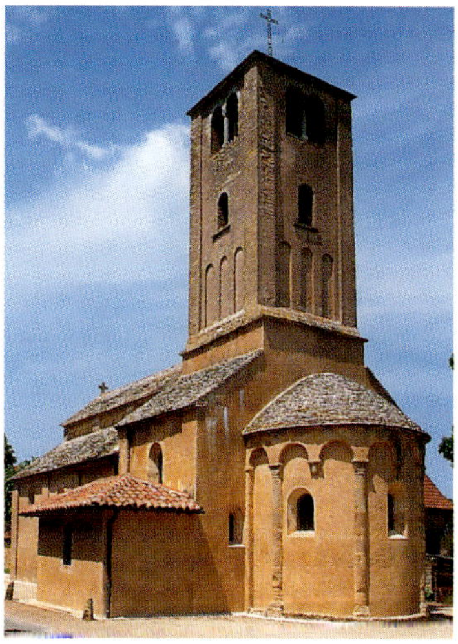

Saint-Vincent-des-Prés

SUIN

Perchée à 593 m d'altitude, l'église de Suin est d'abord un clocher trapu, carré et à deux étages, fort bien décoré de cannelures, de rosaces et de petits chapiteaux. Avec le clocher et le transept, l'abside est la seule partie ancienne de l'église.

MAZILLE

L'église de Mazille se trouve au milieu des prés. Charme évident, mais à l'origine il ne devait pas en être ainsi. Encore un clocher carré surmonté d'une flèche pyramidale ; classique, jamais lassant ni fade parce que la variété vient de la hauteur plus ou moins importante du clocher, de la forme et du nombre des ouvertures. À Mazille, tout est sobre, à peine recherché (à l'étage supérieur, une petite colonne reliant les deux baies) : cela suffit à égayer un monument.

Mazille
Alors que la plupart des clochers romans sont trapus, larges et imposants, celui de Mazille (près de Cluny) est fin et élancé, d'une élégance féminine. Non loin d'ici une trentaine de religieuses « thérésiennes » de Chalon-sur-Saône ont créé le carmel de la Paix construit en 1971.

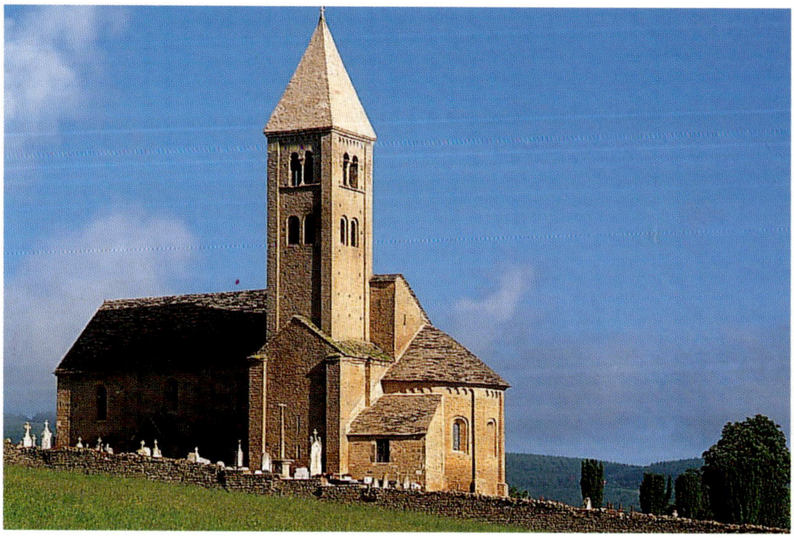

À l'ombre de Cluny

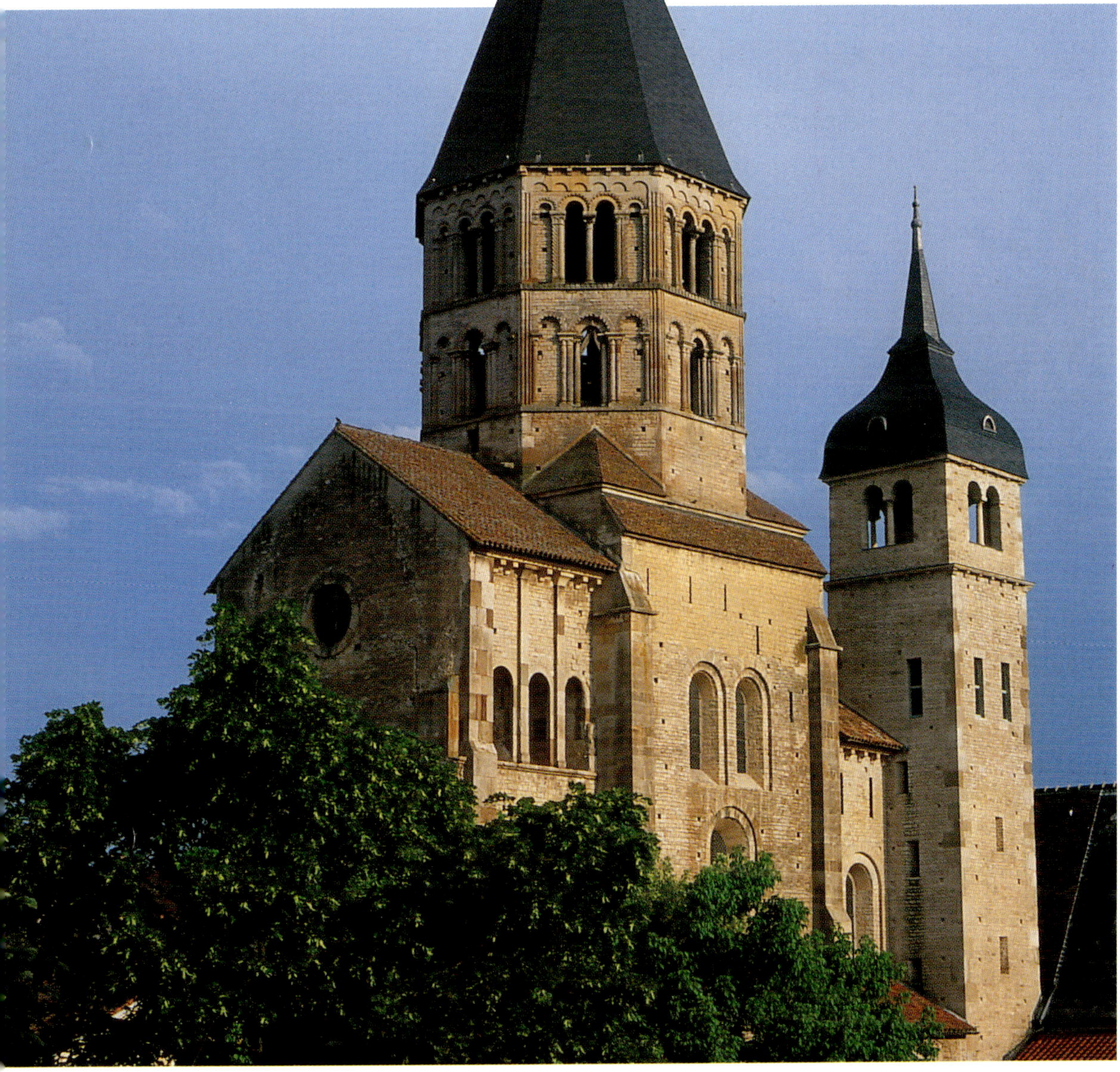

Cluny
C'était la somptuosité, la grandeur, l'élégance.

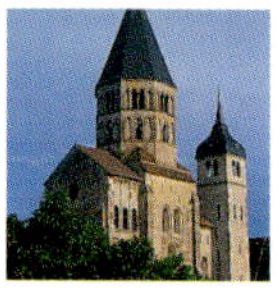

Pierre le Vénérable

Originaire d'Auvergne, Pierre de Montboisier fut abbé de Cluny de 1122 à 1156. À cette époque, Cluny avait sous sa juridiction mille deux cents monastères et prieurés, presque toujours placés sur les routes de pèlerinages, ce qui explique le luxe de la décoration des églises clunisiennes ; il fallait des églises festives pour accueillir les pèlerins ; qu'on arrête donc de parler de décadence de l'ordre de Cluny au XIIe siècle.

Pierre le Vénérable était fort cultivé, distingué, diplomate. Il rencontra saint Bernard. On oublie toujours de dire que ces deux hommes extraordinaires avaient l'un pour l'autre une admiration enthousiaste ; il suffit de lire, pour s'en convaincre, les lettres chaleureuses et affectueuses qu'ils s'envoyèrent. C'est lui, Pierre le Vénérable, qui recueillit Abélard injustement pourfendu par saint Bernard et qui fit traduire le Coran en latin, afin de pouvoir discuter avec les disciples de Mahomet. Il mourut à Cluny une nuit de Noël à l'âge de 62 ans.

Cluny
Les pauvres restes de l'église la plus somptueuse de la fin du XIe et du début du XIIe siècle.

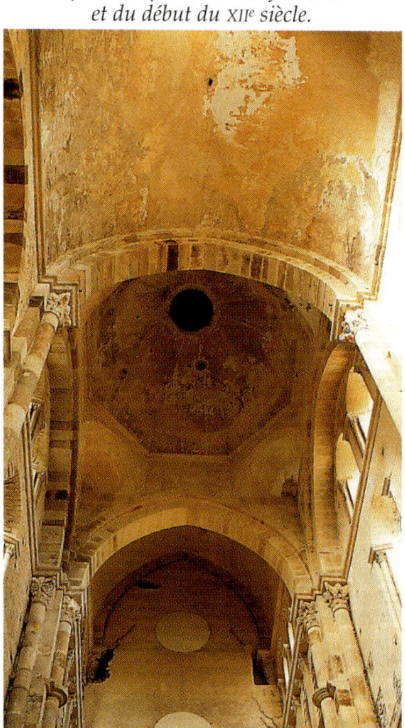

CLUNY EST À IMAGINER...

Cluny devrait être la gloire de la Bourgogne. Mais ce n'est plus guère qu'un souvenir, un sinistre souvenir. Ce qu'il en reste et qui est admirable fait regretter ce qui a disparu : deux clochers, un morceau de transept, quelques chapiteaux et débris de sculptures, le tout marqué du sceau du génie. Grâce aux fouilles, grâce aux gravures, il a été possible de reconstituer Cluny, en maquettes. La partie du transept encore debout prouve que dès la fin du xie siècle l'art roman bourguignon avait atteint le sommet de la distinction et de la grandeur. Une décoration soignée allège, s'il en est encore besoin, une architecture déjà tout en hauteur.

Les chapiteaux présentés dans la salle du farinier se trouvaient sur les piliers du chœur : ils formaient une couronne somptueuse. Bien que blessés par la chute, ils sont d'une telle qualité et d'une telle variété qu'ils suffisent à prouver qu'à Cluny, la conception de la vie monastique était des plus élevées et des plus raffinées : les huit tons de la musique, les quatre vents, les quatre fleuves du Paradis, les vertus, c'est toute l'architecture intellectuelle de Cluny, c'est toute la musique de Cluny et du Moyen Âge.

Que ne pourrait-on dire du grand tympan principal s'il existait encore ? Quelques débris de sculptures, religieusement conservées au musée d'Art et d'Archéologie sont les témoins admirables de ce vaste tympan : quelques têtes, quelques doigts, quelques pieds frémissent encore de cette vie et de cette grâce que leur avait données le sculpteur de jadis.

À Cluny, s'élève fièrement l'admirable clocher de l'église Saint-Marcel. L'abside se sent bien un peu petite devant pareille merveille, la flèche est postérieure, mais l'ensemble forme l'une des plus belles réussites de la région.

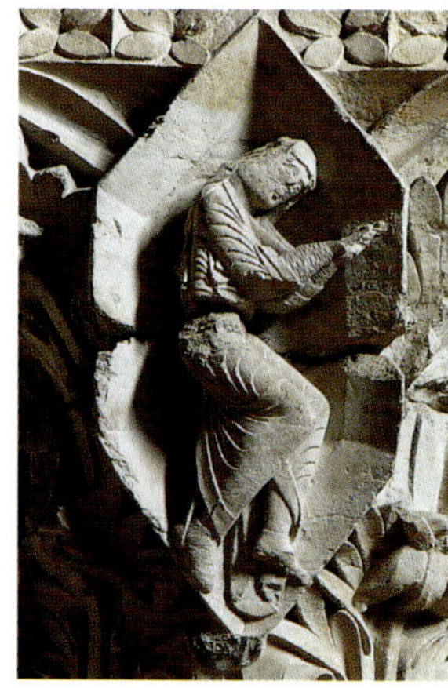

Cluny
Chapiteau du farinier

BERZÉ-LA-VILLE

La petite chapelle de Berzé-la-Ville, avec ses fresques incomparables, est le bijou merveilleux de l'art clunisien. C'était la chapelle de recueillement de saint Hugues, le bâtisseur de la grande église de Cluny, puis de Pierre le Vénérable, cet abbé étonnant, cultivé et doux. Cette chapelle est colorée, vivante, familiale, à petite échelle, utilisable par un ou quelques moines, plantée sur la hauteur, dans la douceur. Le programme pictural et le style des fresques respirent l'atmosphère de Byzance et de Ravenne ; les moines, s'ils se cachaient, ne vivaient pas repliés et les plus belles civilisations les réchauffaient et enrichissaient leurs intelligences. Même dans une petite chapelle, la majesté du Christ impose le respect et la confiance. Et

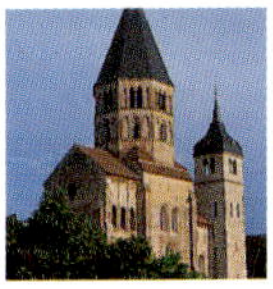

ces apôtres, toujours silencieux, anonymes, n'en finissent pas de contempler la beauté et d'admirer celui qui les a transformés et illuminés. Des saints plus ou moins connus, des martyrs heureux, saint Blaise et saint Vincent, des martyrs qui ne souffrent pas, ne troublent pas la paix et le silence de ce haut lieu de l'art clunisien. Un vieux moine avec sa crosse préside à la cérémonie : saint Benoît ? saint Odon ? saint Mayeul ? saint Hugues ? Peu importe : le vieux moine est à jamais transfiguré.

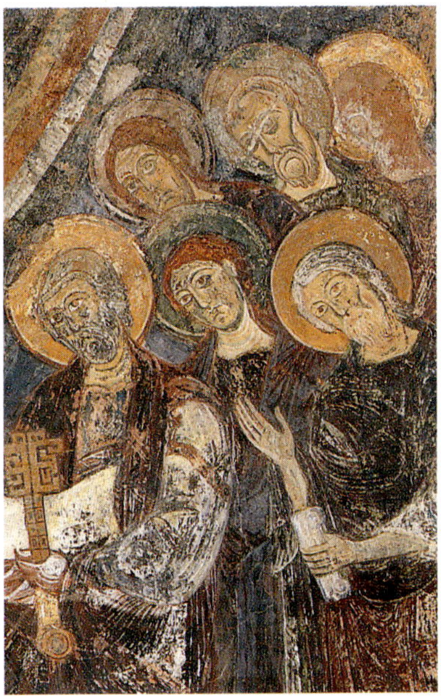

Berzé-la-Ville
La plupart des saints représentés ici ne nous sont pas plus connus que les moines qui ont jadis fréquenté ces lieux. Leur forte personnalité les préserve cependant de l'anonymat.

SAINT-POINT

La petite église de Saint-Point, indépendamment des souvenirs de Lamartine qu'elle conserve soigneusement, ne présente pas extérieurement d'apparence originale, sauf par son clocher carré à deux étages, construit en plusieurs étapes ; le second étage présente un décor soigné ; trois vieilles absides sans ornement apportent un aspect rustique à cette église vénérable. L'intérieur, avec son chœur du XVIIIe siècle et ses peintures du XIVe, est des plus agréables.

Saint-Point
Une église que Lamartine appréciait.

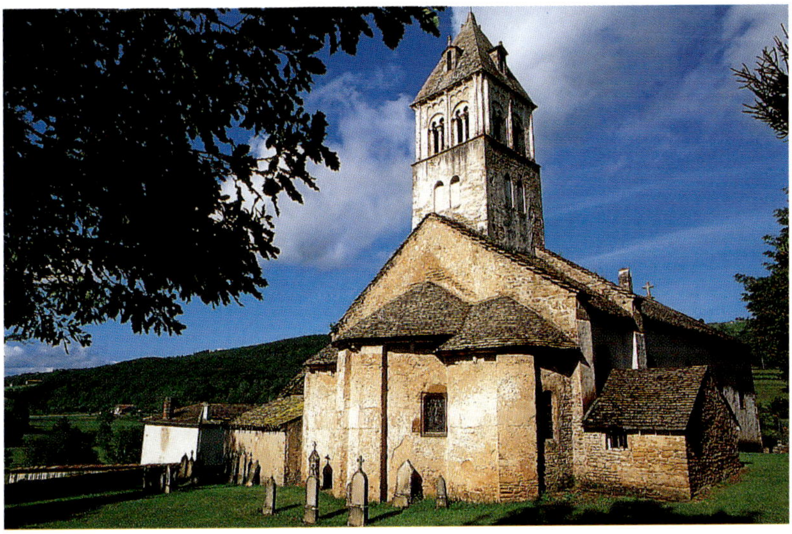

TRAMBLY

L'église de Trambly ne conserve de l'époque romane que le clocher et l'abside ; le clocher carré surmonté d'une flèche pyramidale est, avec ses bandes lombardes, d'un bon volume : il protège une abside vénérable avec ses modillons sculptés. À l'intérieur, on pénètre dans le chœur par un arc triomphal à berceau brisé ; l'abside évite la monotonie grâce à ses arcs appliqués au mur et reposant sur des colonnettes surmontées de chapiteaux décorés de feuillages.

MÂCON

De l'ancienne cathédrale Saint-Vincent de Mâcon, seuls subsistent les tours qui s'élèvent encore fièrement dans le paysage mâconnais, le narthex et le tympan. La partie inférieure des tours date du XIe siècle et la partie supérieure du XIIIe siècle. Le narthex du XIIe siècle contient une série estimable de chapiteaux somptueux présentant des bouquets fort bien composés et dérivant du style de Charlieu. Le tympan malheureusement martelé représente un Jugement dernier installé sur cinq registres ; la sculpture n'en était peut-être pas géniale, mais la composition en était fort originale.

SAINT-ANDRÉ-DE-BAGÉ (AIN)

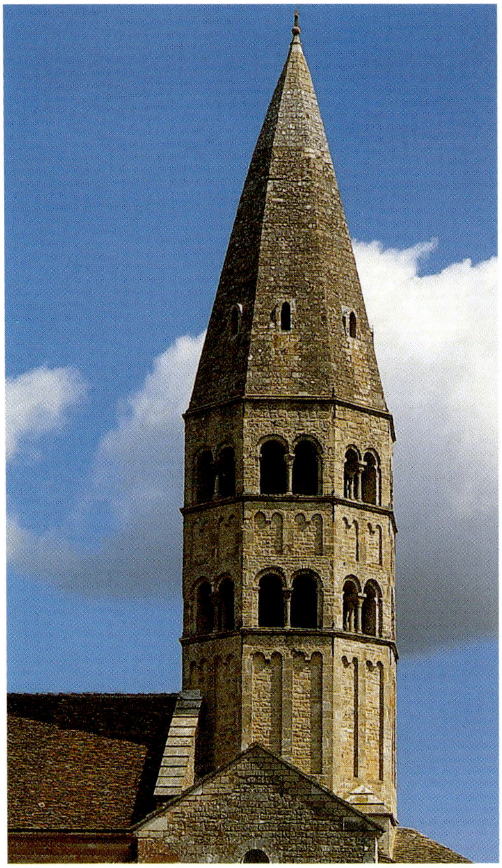

Saint-André-de-Bagé
Deux évêques d'Autun, au XIIe siècle, Etienne et Humbert de Bajé, venaient de ce village. On comprend qu'ils aient eu, eux aussi, l'idée d'être des constructeurs !

L'église de Saint-André-de-Bagé (Ain) offre un splendide clocher octogonal à quatre étages savamment juxtaposés, avec une flèche pyramidale qui apporte une splendeur imposante à cet ensemble étonnant. Sa façade est admirablement constituée, avec des partages architecturaux discrets mais solides. C'est enfin une sculpture foisonnante, sur les chapiteaux ainsi qu'aux bases des colonnes avec le sacrifice d'Isaac, Daniel, un sagittaire, des masques grimaçants, un crapaud répugnant, des colonnes torsadées, bref une recherche où l'imagination n'arrive pas toujours au niveau du génie, mais s'impose par une volonté de vivre indubitable et une fantaisie indéniable.

LAIZÉ

La petite église de Laizé est reconnaissable à la coiffure originale qui surmonte son clocher. Elle a été rajoutée. La tour, elle, est bien romane, légère et sobre. Elle s'enfonce dans une petite abside bien authentique, elle aussi, avec son décor de bandes lombardes. On peut voir à l'intérieur des stalles qui n'ont rien de roman mais qui présentent plusieurs des douze apôtres. Ces reliefs en bois sont charmants (ceux qui sont absents ont été volés).

CLESSÉ

L'église de Clessé est intéressante par le décor de bandes lombardes qui ornent sa façade et qui évitent à cette façade d'être ennuyeuse. Le clocher octogonal qui surmonte l'église est également décoré suivant le même principe. Ce procédé de bandes et de petits arcs si fréquents dans cette région agrémente d'une façon discrète une architecture sobre et fort bien composée.

SAINT-ALBAIN

L'église de Saint-Albain est compliquée. C'est une église tardive. Il est intéressant de constater que les maçons ont su regarder les églises qui les entouraient : ils ont voulu faire mieux et réaliser quelque chose de plus savant et de plus complexe. Tout y est : un clocher octogonal, des bandes lombardes, des contreforts. Mais les bandes lombardes sont un peu bâtardes, le clocher, correct en soi, n'est pas proportionné avec le reste de l'édifice, l'église est trop large, la façade est pour le moins singulière avec son grand arc surmonté d'une tour qui se demande ce qu'elle fait là.

À l'intérieur, on remarque les mêmes inconséquences : la fraîcheur des débuts du roman n'y est plus, mais l'église est encore debout, audacieuse, peut-être prétentieuse. Des hommes se sont pourtant passionnés pour la construire et lui donner une vraie personnalité, même si elle est quelque peu ampoulée.

Paray-le-Monial et le Brionnais

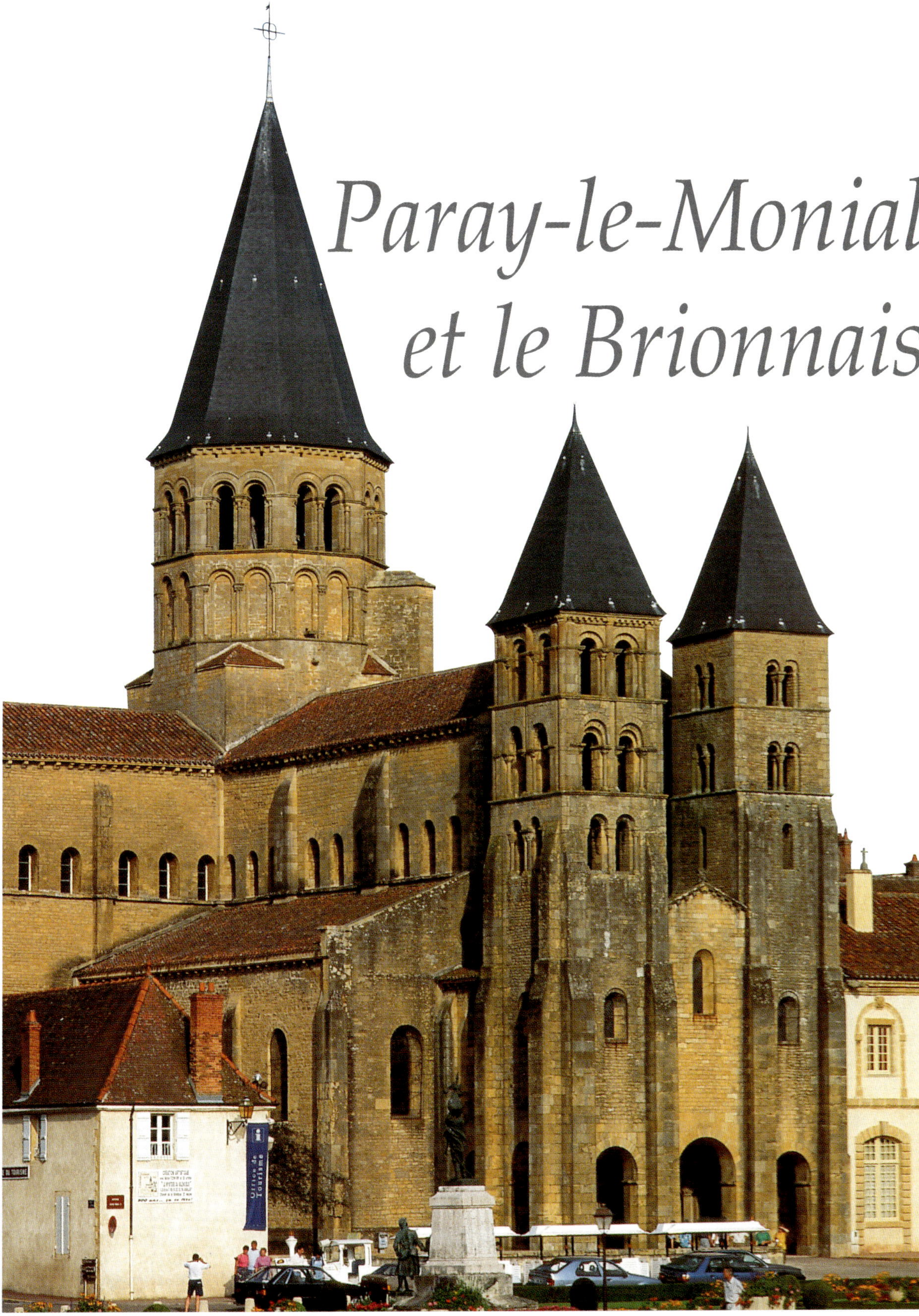

Paray-le-Monial

La basilique de Paray-le-Monial est, en plus petit, la réplique de l'immense église abbatiale de Cluny. Sa nef n'a jamais été achevée, hélas ! Située au bord de la Bourbince, elle a été construite entre 1090 et 1110. La perfection d'un chef-d'œuvre : elle nous raconte ce qui se passe au Ciel. Cette ancienne prieurale a été élevée en 1875 au rang de basilique mineure et placée sous le vocable du Sacré-Cœur.

LE CIEL SUR LA TERRE

Vu de l'extérieur, Paray-le-Monial, c'est d'abord un clocher bien en place, octogonal, large et solide, mais sans lourdeur. Ce sont ensuite deux tours, peut-être un peu étriquées du fait de leur rapprochement, mais deux tours dont le décor est différent, ce qui leur permet de dialoguer : la plus ancienne, plus sobre ; la plus récente, plus soignée. Paray, c'est ensuite une série d'absides qui descendent du ciel pour venir jusqu'au sol et raconter ce qui se passe au ciel. C'est enfin une porte latérale somptueusement décorée avec une grande variété de motifs fort bien agencés et qui préparent l'impression merveilleuse que chacun éprouve en pénétrant à l'intérieur de l'église. Le transept de Paray, effilé, étroit, distingué, féminin dans son élégance, est une des réalisations architecturales les plus gracieuses qui se puissent imaginer ; la sveltesse des piliers, la hauteur de la voûte, la variété du décor qui n'est jamais surchargé, tout contribue à faire de ce transept et de la nef de Paray un des lieux sacrés les plus émouvants et les plus respectables. Pour compléter le tout, le chœur, avec ses fines colonnes et ses chapiteaux, forme un écrin précieux qui en fait le cœur vibrant et chaud qui apporte la vie. Il n'est jusqu'au déambulatoire, joyeusement décoré, qui incite à la procession, au mouvement et à la vie.

Paray-le-Monial
Le Christ du cul-de-four, postérieur à la construction de l'église : l'auteur de la fresque prenait un risque…

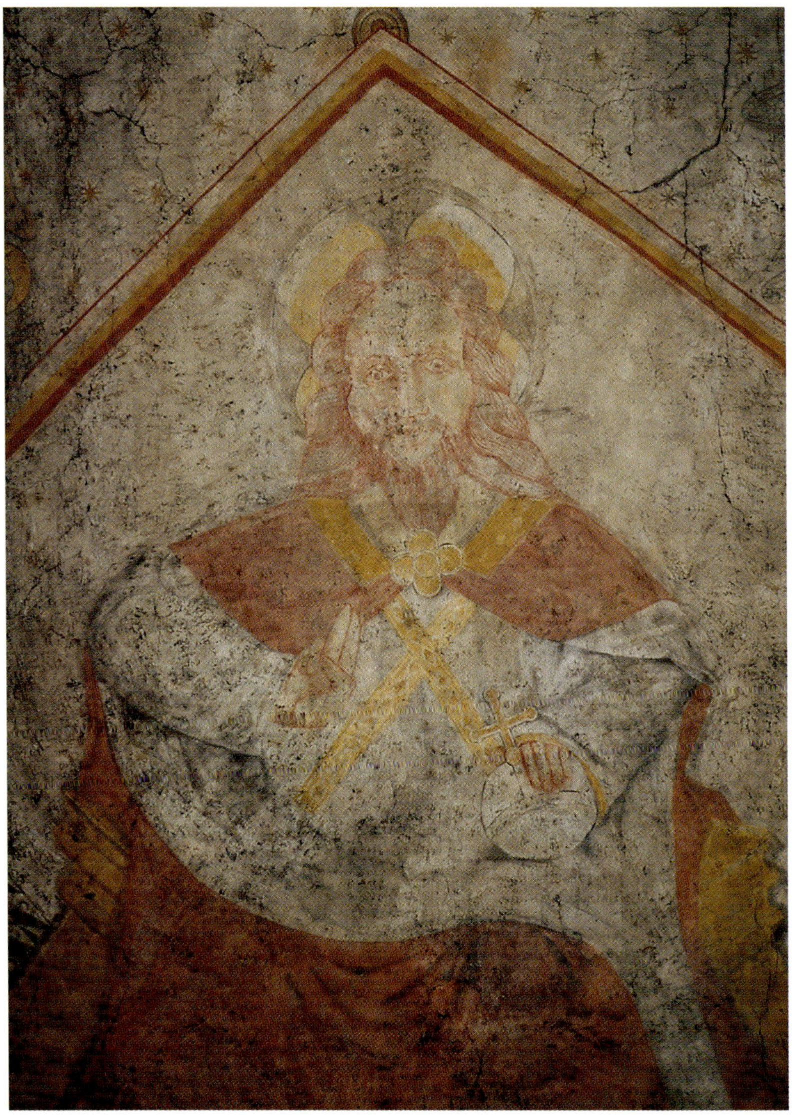

VOÛTES BRISÉES

La voûte brisée, c'est la gloire de la Bourgogne ; on appelle cela le roman bourguignon. Les églises romanes étaient normalement en plein cintre : elles étaient lourdes et s'effondraient glorieusement : Cluny s'est effondré, Vézelay s'est effondré. C'est à Cluny que l'on a eu l'idée de briser la voûte, qui n'a rien de gothique. Toutes les églises clunisiennes s'inspirèrent de cette nouvelle méthode et, ce que l'on sait moins, c'est que les églises cisterciennes s'inspirèrent de ce procédé. Pour une fois que ce n'est pas Cîteaux qui a la première place, il faut le signaler. Toutes les églises de France, d'Europe et du Moyen-Orient construites avec cette architecture l'ont été par des moines venant de Cluny ou de Cîteaux, ce n'est pas rien.

Il faut cependant mettre un bémol, car la pression ne s'exerçait plus sur le centre de la voûte, mais sur les murs ; c'est ainsi qu'à Autun on faillit arriver à la catastrophe ; heureusement, peu de temps après, on avait inventé la technique de l'arc-boutant ; Autun fut sauvé.

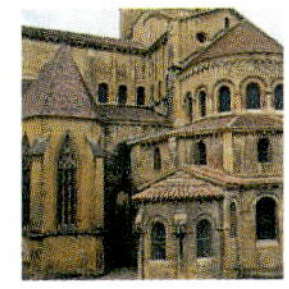

L'église de Paray est parfaite. Son seul défaut : elle n'a pas été achevée. Il est évident que la nef devait se prolonger ; elle se heurte à l'ancien narthex. Les subsides durent manquer. Malgré cela, le grand saint Hugues de Cluny, qui avait entrepris cette église de prieuré après avoir entrepris la grande église de Cluny, doit être loué sans réserve d'avoir réalisé cet admirable chef-d'œuvre, dont l'histoire est secrète : il ne se passa jamais rien d'extraordinaire dans cette église réservée à quelques moines, qui ne se firent pas remarquer mais dont l'esprit est toujours vivant.

La sculpture est réduite. On ne l'attend pas. Les fleurs suffisent. Ces fleurs de pierre qui se promènent sur les murs, sur les piliers et qui réchauffent fort bien l'atmosphère lumineuse de Paray.

Dans le cloître, se trouve un élégant tympan sculpté. Il vient d'Anzy-le-Duc. Le Christ de gloire est majestueux, les anges d'une souplesse étonnante et le linteau présente une charmante Vierge allaitant, entourée de Moïse, Pierre, Paul et Étienne d'un côté et de quatre saintes femmes de l'autre, d'une discrétion et d'une facture merveilleuses.

Montceaux-l'Étoile (Saône-et-Loire)
Le tympan de cette église est une véritable petit merveille : un bloc de pierre où est sculptée une Ascension. A-t-on jamais vu les apôtres si excités ?

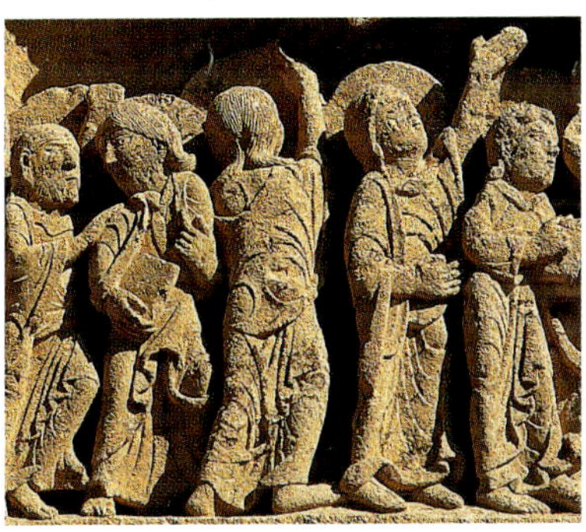

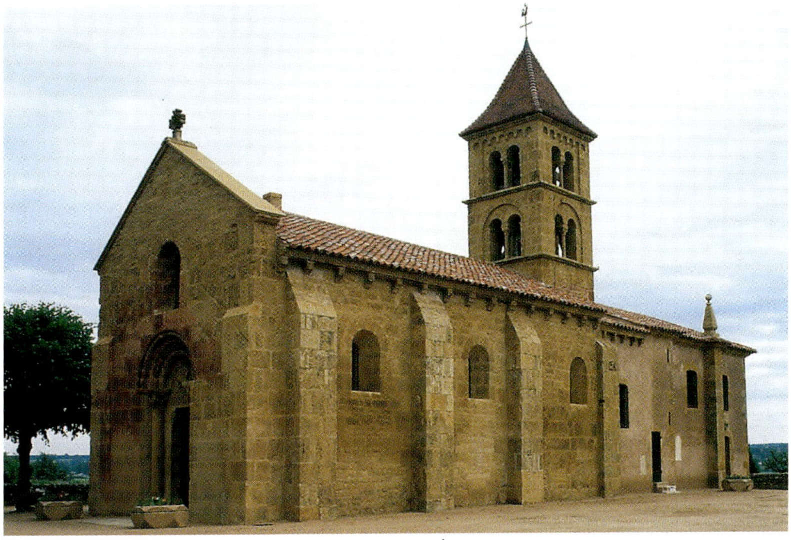

Montceaux-l'Étoile
Proche de Paray-le-Monial, l'église de Montceaux-l'Étoile est peut-être un peu grande pour son clocher discret et menu. Mais il y a une raison à cela : le chœur a été construit et allongé en 1775.

MONTCEAUX-L'ÉTOILE

La petite église de Montceaux-l'Étoile pourrait être insignifiante, sans prétention ! Et pourtant, elle possède un petit tympan en pierre chaude qui est l'une des plus belles réalisations de la sculpture romane, c'est peu de chose, c'est admirable.

Sur une dalle de pierre on voit représentée une Ascension mouvementée et délicieuse : le Christ est debout, ce qui est rare. Les anges très élégants ne sont pas à genoux, ils volent. Les apôtres avec saint Pierre ne sont pas figés : ils se tournent de tous les côtés, ils se racontent leurs histoires, ils n'y comprennent rien et le font savoir. Ils sont tout bouleversés, il y a de quoi ! Un admirable saint Michel transperce le diable, c'est son métier. On sent dans cette sculpture la main d'artistes venus de Cluny. Décidément, ces moines savaient travailler…

Hugues d'Anzy

Voilà un homme très peu connu ; il est né à Poitiers, ; il vivait à l'époque de Charles le Chauve. Il commença par être moine à Saint-Savin, aujourd'hui célèbre par ses fresques… Il fut dépêché à Autun avec sept autres moines pour réformer l'abbaye Saint-Martin. Humble, il refusa d'en être l'abbé. Il la réforma si bien qu'on l'envoya à Beaume pour la même raison ; de nouveau, il refusa le titre d'abbé ; Beaume, on en parle encore. C'est encore lui qui accompagne Bernon pour fonder Cluny, ce qui n'est pas rien. Son dernier poste fut à Anzy-le-Duc, où il devait fonder un monastère ; c'est grâce à lui que, plus tard, fut construite l'admirable église d'Anzy. Il mourut en 930 après s'être fait enfermer dans une pièce à côté de la chapelle du monastère. Mort, il passa son temps à faire des miracles, tous plus pittoresques les uns que les autres, il en fait encore !

ANZY-LE-DUC

Le clocher octogonal d'Anzy-le-Duc suffirait à lui seul à satisfaire la curiosité des pèlerins. Il est à la fois

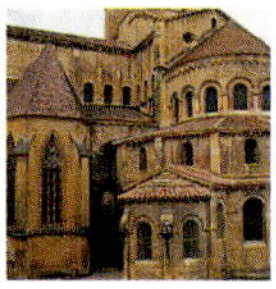

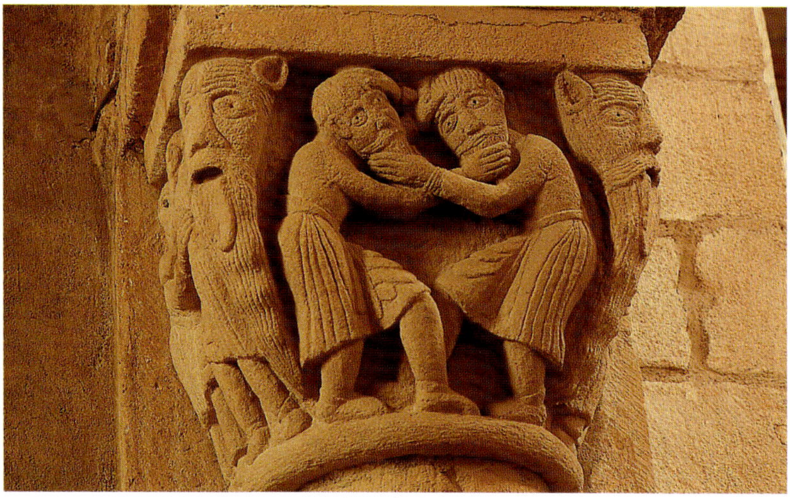

Anzy-le-Duc
La sculpture d'Anzy-le-Duc est variée mais pas toujours raffinée. On s'y bat, comme ici. On bave, on crache, on empoigne son ennemi et on le tue. C'est la vie…

élégant et imposant. Des proportions parfaites. Il s'impose sans arrogance. Mais il n'y a pas que le clocher, le tympan à lui seul est un poème. L'architecture générale ? Somptueuse. Le Christ de gloire, les anges, les apôtres sont encore un peu raides, mais les vieillards de l'Apocalypse réalisés par un sculpteur de Cluny et malheureusement détériorés pour quelques sols pendant la Révolution donnaient une saveur toute particulière à cet ensemble qui dut également souffrir du feu.

En plus de tout cela, il y a l'église elle-même, d'un équilibre extraordinaire. Cette église est une force apaisante. Elle prouve que les chiffres sacrés qui servaient de base à la construction étaient tout… sauf des raisonnements secs. Les chiffres sacrés savaient chanter la chaleur du cœur et du corps humain. Les voûtes d'arêtes recouvrant la nef d'Anzy servirent de modèle à l'immense église de Vézelay construite par Renaud de Semur, né à côté d'Anzy. Ce n'est pas rien. Les sculptures grouillantes, vivantes, agitées, où les vices ne sont pas dissimulés, ne sont pas toutes des chefs-d'œuvre mais elles sont présentes et ne laissent pas indifférent.

Derrière la grosse tour, un portail ouvert sur les prés n'est pas une réussite parfaite. Avec son Adoration des Mages, son Paradis perdu, son ciel et son enfer, on sent l'art roman s'essouffler. Mais les proportions du portail et sa décoration sont d'une excellente qualité.

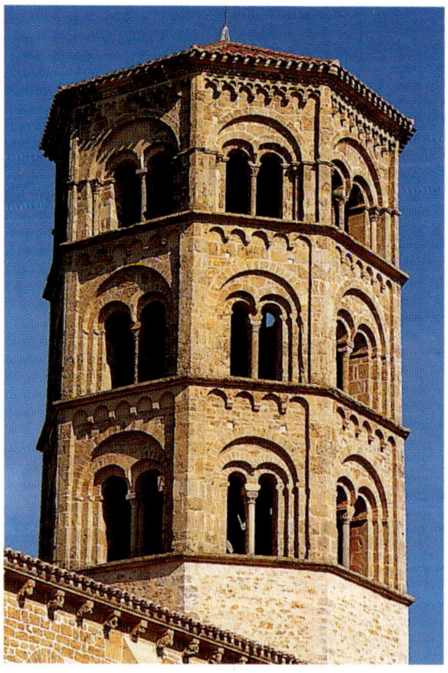

BAUGY

Baugy n'est peut-être pas une merveille. Son clocher est cependant solide, son abside nette, bien que les ouvertures aient été modifiées. À l'intérieur, le chœur mérite attention avec ses arcs, ses colonnettes, ses chouettes et ses chapiteaux sculptés. Et puis, à l'extérieur, un âne musicien qui joue de la vielle et son compère qui joue d'on ne sait quoi sont peut-être peu de chose, mais ils sont là, ils sont gais, même s'ils se moquent des passants.

SAINT HUGUES

Hugues, abbé de Cluny, naquit à Semur-en-Brionnais en 1024 ; sa famille était illustre ; elle se composait de saints et de brigands ! Son père voulait le faire entrer dans la carrière militaire ; à 15 ans, adolescent, il se sauva et finit par aboutir à Cluny ; à 20 ans il était prieur de la grande abbaye et à 25 ans il fut élu abbé ; il devait mourir à 85 ans, ce qui lui est reproché, on ne sait pourquoi, par certains historiens contemporains ! Il fonda un monastère de femmes à Marcigny, à côté de Semur ; il accueillit dans la mouvance de Cluny bien des monastères, il en réforma de nombreux. Il envoya des moines en Espagne et maria sa nièce, pieuse, à Alonzo de Castille, plus ou moins libertin ; c'est pourtant Alonzo qui finança avec l'argent pris sur les Arabes, qui n'ont jamais été pauvres, la grande église de Cluny, qui devait être la plus grande de la chrétienté ; il entreprit cette construction à l'âge de 62 ans, âge où l'on avait l'habitude de mourir, en ce temps-là ! Il mourut en 1109, trois jours après Pâques.

Anzy-le-Duc
Un très haut clocher octogonal à trois étages, d'inspiration lombarde, domine l'église. Ses grandes baies géminées, percées sur toutes ses faces, offrent à l'édifice une lumineuse légèreté que ne possèdent pas les tours octogonales de Cluny.

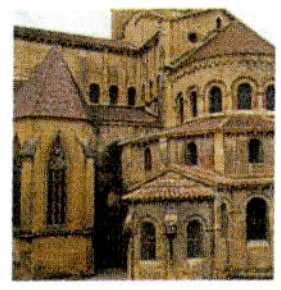

SEMUR-EN-BRIONNAIS

Construite en deux étapes, l'église de Semur nous amène à la fin du roman bourguignon. À l'extérieur, l'église s'annonce comme solide et sérieuse ; elle présente une certaine sveltesse grâce aux pignons qui la surélèvent jusqu'au clocher octogonal de deux étages dont les plans et l'élévation ont dû être modifiés en cours d'exécution. La porte latérale, somptueuse, respire l'influence de la sculpture de Charlieu. Le portail principal est intéressant par son architecture générale et sa décoration abondante. Par contre, la sculpture du tympan représentant un Christ en gloire et, sur le linteau, la légende de saint Hilaire sont quelque peu rustiques, voire médiocres. Le génie s'est envolé !

À l'intérieur, on est très agréablement surpris par l'élévation de la nef, sa tenue qui respire encore l'atmosphère de Cluny, malheureusement atténuée par une restauration maladroite. La voûte était à l'origine brisée. Elle ne l'est plus depuis le XIXe siècle. Les chapiteaux fournissent tout un ensemble de bouquets fort bien composés ; ce sont d'excellentes réalisations qui ont une ampleur digne de l'architecture.

Moines en famille

C'était une habitude ; au Moyen Âge, on entrait en religion en famille ; l'un des exemples les plus illustres est celui de saint Hugues, abbé de Cluny.

Sa mère, Aremberge de Vergy, après la mort de son mari, devint religieuse à Marcigny, de même que ses sœurs Alixe, Adelaïde et Mathilde. Son père Geoffroy devint moine à Cluny ; la femme de Geoffroy entra à Marcigny, de même que trois de leurs filles ; Reynald, son neveu, devint abbé de Vézelay ; et on pourrait continuer !

Chez Pierre le Vénérable, également abbé de Cluny, on rencontre le même phénomène : l'un de ses frères fut abbé de Vézelay, un autre évêque de Lyon, un autre abbé de La Chaise-Dieu et un autre abbé de Bandelieu. Quant à sa mère, après son veuvage, elle entra à Marcigny !

Chez saint Bernard, ce fut encore pire, si l'on peut dire. Il entra à Cîteaux avec une bonne partie de sa famille, frères, oncle, cousin ; son père et son plus jeune frère devaient le rejoindre à Clairveaux. Seule une des sœurs qui, nous dit-on, menait une vie mondaine, resta dans le monde jusqu'au jour où elle rendit visite à ses frères ; après s'être fait traitée de « fumier » par l'un de ses frères, elle fut reçue par Bernard : quinze jours après elle était religieuse et devint prieure !

Il faut reconnaître que l'on rencontrait beaucoup plus de gens intelligents dans les monastères que dans les châteaux. Le confort n'était pas meilleur dans les châteaux et la vie religieuse des châteaux était basée sur la vie liturgique des monastères. De plus, personne ne s'amusait de séparer les frères ou les sœurs vivant dans un monastère : on restait en famille !

Semur-en-Brionnais
L'histoire de saint Hilaire assistant au concile de Séleucie en 359. Rejeté par les autres évêques, il est assis au milieu, sur un tabouret d'enfant. Un ange vient cependant le chercher afin de lui offrir la place d'honneur et le faux pape Léon, à droite, meurt misérablement.

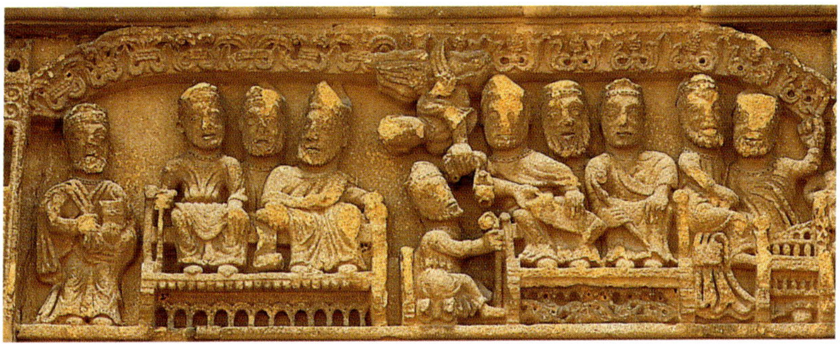

SAINT-JULIEN-DE-JONZY

La décoration de Saint-Julien-de-Jonzy relève directement de celle de Charlieu. Un tympan d'une telle exubérance qu'il en est presque fatigant ! Les anges veulent absolument occuper toute la place qui leur est réservée. Ils portent des ailes importées d'on ne sait où ! En revanche, les pieds du Christ reposent sur un petit tabouret quelque peu rétréci. Sur le linteau est représentée une Cène avec une nappe magnifique et irréelle. Les apôtres ont presque tous perdu la tête mais leurs pieds sont tous là. Un peu trop bien alignés !

Saint-Julien-de-Jonzy
Détail du tympan.

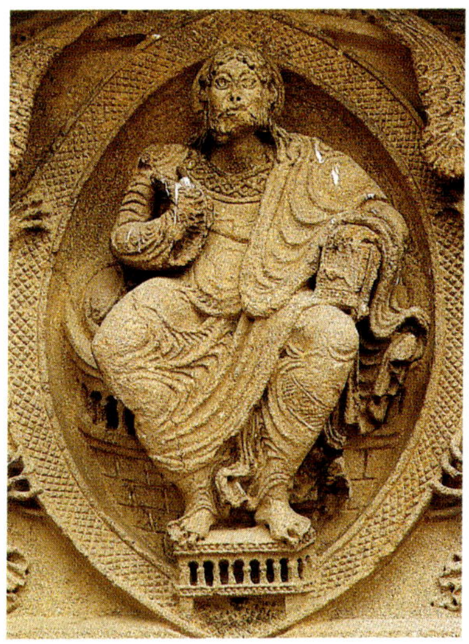

IGUERANDE

Iguerande est une église trapue qui, ayant menacé de s'effondrer, fut encore rendue plus trapue au XIXe siècle par l'adjonction de contreforts énormes et d'un aspect pénible. Mais cette église de la fin du XIe siècle, s'inspirant du style des églises de la région, solide, équilibrée et sans complexe, se révèle d'une qualité exceptionnelle en raison d'une restauration plus qu'excellente réalisée ces dernières années. Sa sculpture est pittoresque et savoureuse, avec ses animaux musiciens, son aigle, son veau et ses compères à la base des piliers, et ses modillons sculptés, à l'extérieur au chevet où même les singes arrivent à être gracieux.

Ânes musiciens

Le Moyen Âge adorait les animaux ; on vivait avec eux, on en inventait, on s'inspirait des animaux symboliques de l'Orient. L'un des plus célèbres est l'âne musicien. Nos ancêtres en savaient plus long que nous à ce sujet : Phèdre, puis Boèce, auteurs qu'on ne lit plus guère aujourd'hui, nous racontent l'histoire : un âne trouva une lyre dans un pré ; il s'efforça d'en tirer des sons ; le résultat fut catastrophique ; l'âne se contenta de braire bruyamment et longuement : il devint le modèle de tous les prétentieux, beaux parleurs, fats et autres escrocs qui inondent toutes les civilisations. En Bourgogne, notre âne musicien, on le trouve à Fleury-le-Montagne, à Beaugy, à Anzy-le-Duc, à Beaune, à Nevers. Mais des animaux musiciens, on en rencontre un peu partout. À Iguerande, un animal non identifiable gratte une harpe ; il est évident que le son n'est pas suave ; un cyclope joue de la flûte de Pan ; à Beaune, on retrouve la même flûte de Pan jouée par un âne faisant face à un bouc jouant de la harpe et à un lion à tête d'âne secouant une cloche.

Le gala animal le plus croustillant se trouve à Saint-Parize-le-Châtel : ils y sont tous : un sciapode satisfait à l'ombre de son pied, une chouette soupçonneuse, un centaure béat tuant un cerf, un hibou, une tortue, des masques qui crachent, un singe qui joue de la musique, un porc qui gratte une harpe, un aspic qui pique, un avare plein de sous, une sirène convaincue et des lions qui crachent, sans compter un acrobate les pieds par-dessus la tête et un individu qui remue la sauce dans un seau suspendu. Tout cela, c'est peut-être le diable, le mal, la vanité ou la bêtise, il n'empêche que c'est très gai !

Iguerande
Cette église, restaurée récemment, respire aujourd'hui la santé !

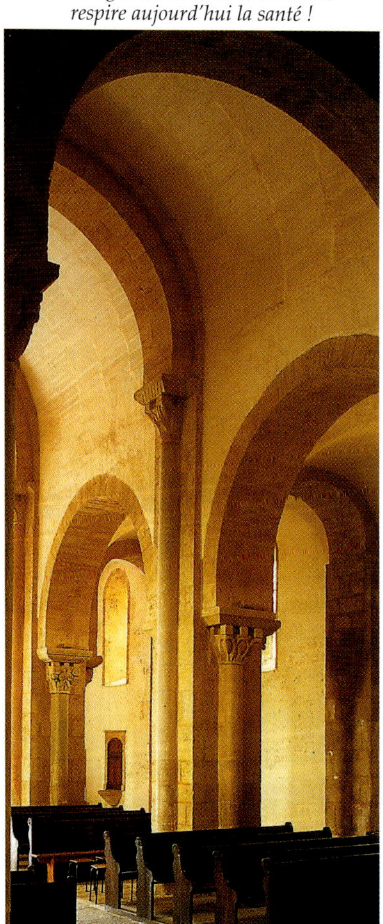

Art roman en Brionnais et ailleurs

En Brionnais, on assiste à l'évolution de la sculpture romane en Bourgogne, de la plus fruste à la plus évoluée, à la plus mouvementée. Les sculptures du premier tympan de Charlieu sont des ébauches ; celles du second sont des chefs-d'œuvre. À Anzy-le-Duc, on possède toute une gamme de sculptures ; certaines sont pittoresques, sans plus, d'autres, sur le tympan, ont été réalisées par un des grands sculpteurs du Cluny, de même qu'à Perrecy-les-Forges. À Saint-Julien-de-Jonzy, comme à Charlieu, on est exubérant, presque trop. À Semur, on arrive à la fin du roman, on est fatigué. N'oublions pas qu'à Vézelay, on compte une bonne douzaine de sculpteurs différents ; les résultats sont variés : on faisait travailler ceux qui avaient du génie, ceux qui avaient du talent, ou qui croyaient en avoir, ceux qui avaient le système nerveux un peu détraqué : taper sur la pierre toute une journée vous calmait le bonhomme ; leurs mauvaises sculptures, on les a placées, au même titre que les autres ; cela ne nuit absolument pas à la splendeur de Vézelay.

CHARLIEU (LOIRE)

À Charlieu, défile toute l'histoire du Moyen Âge roman. D'une vieille église du XIe siècle ne subsistent que les bases des piliers et le portail, d'une forme parfaite, où les sculpteurs apprennent leur métier avec des apôtres figés et un tympan où les anges ne savent pas encore voler et n'arrivent pas à remplir la surface qui leur est réservée. Tout est en place, tout est encore raide, mais tout deviendra vivant à quelques mètres de là. Les anges ont vite appris leur leçon, eux et tous les personnages qui animent les deux tympans voisins. Ici, c'est le luxe, l'agitation, les contorsions

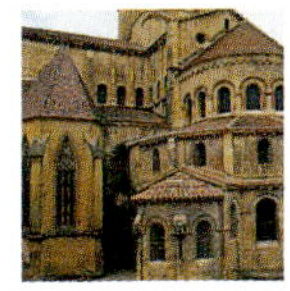

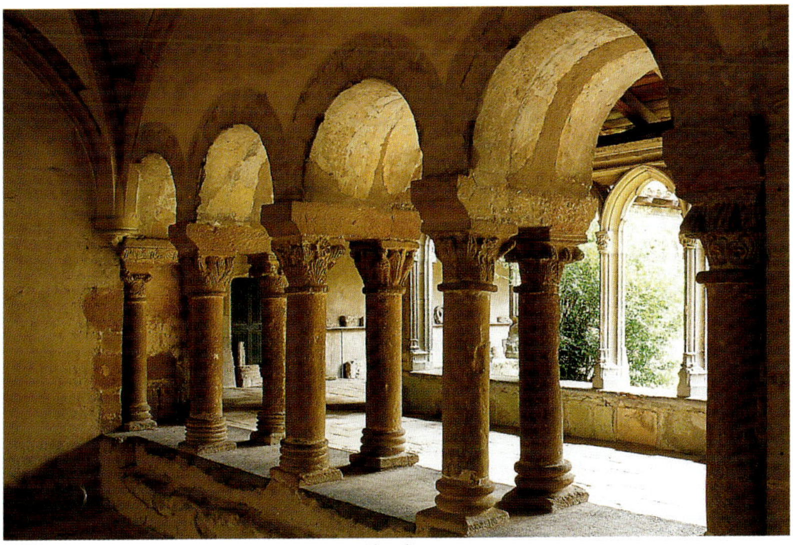

Charlieu
Cloître roman élevé au XIe siècle au temps de saint Odilon, abbé de Cluny. Sur un tailloir de ce cloître, on peut lire ce texte : troquo lude alias fuge, *va jouer au cerceau ailleurs, va-t'en.*

et la profusion qui éblouissent les spectateurs émerveillés et abasourdis par cette opulence qui frise l'excitation.

Le Christ demeure majestueux au milieu du tourbillon provoqué par les quatre animaux symboliques. Quant à la scène des Noces de Cana représentée à côté, c'est un tour de force admirable, avec sa table qui épouse la forme du tympan. Ce tour de force ne manque pas de charme : nous sommes à la fin de la sculpture romane et c'est un feu d'artifice.

SAINT-LAURENT-EN-BRIONNAIS

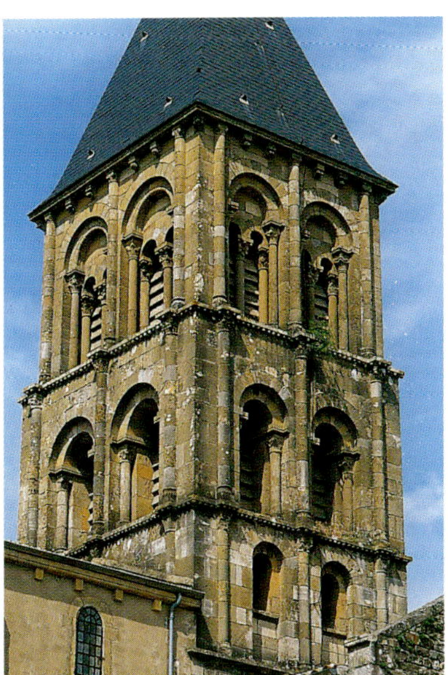

L'église de Saint-Laurent-en-Brionnais ? Avant tout un somptueux clocher de plan carré à trois étages dont le dernier, légèrement en retrait, évite la lourdeur. À l'intérieur, le chœur n'est pas désagréable avec ses arcatures, ses colonnettes et ses essais de sculptures. La nef a été refaite au XIXe siècle avec des chapiteaux invraisemblables qui, après tout, ne sont pas indignes de ceux qui existaient peut-être avant eux…

Saint-Laurent-en-Brionnais
Ici, le clocher retient surtout l'attention : une belle construction à trois étages. Elle écrase un peu le reste de l'église, les trois absides, les larges pignons qui donnent de l'ampleur à l'ensemble.

CHÂTEAUNEUF

Châteauneuf possède une église qui s'élève fièrement au sommet d'une colline, à côté d'un château. C'est une église soignée de la fin de l'époque romane, avec un clocher un peu apprêté, restauré, des volumes un peu discutables, mais l'intérieur ne manque pas de noblesse, avec une élévation très respectable, une abside classiquement décorée, des chapiteaux à feuillages, sans histoire. Même si des restaurations ont été opérées aux XVe et XIXe siècles, le résultat demeure : l'église de Châteauneuf est fort attrayante. Sur un chapiteau du portail principal veille le grand oiseau habituel et sur le linteau du portail latéral s'alignent les apôtres qui essaient d'exprimer ce qu'ils pensent avec leurs bonnes grosses têtes plus ou moins inclinées.

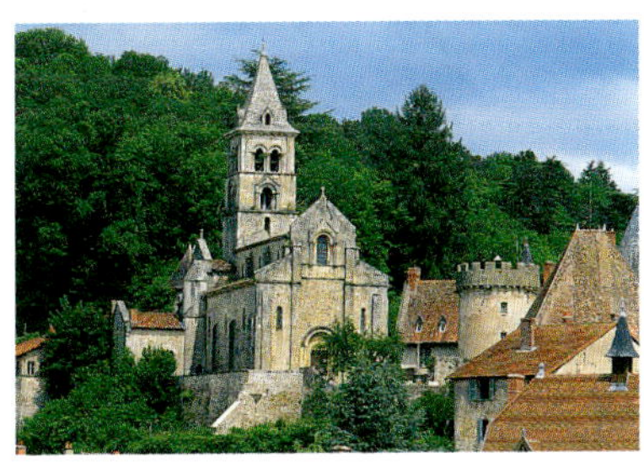

Châteauneuf
Une petite église plantée au sommet d'une colline.

VAREILLES

L'église de Vareilles est celle qui, dans le Brionnais, présente un des clochers les plus évolués, les plus décorés et les plus fiers, avec trois étages, colonnettes, chapiteaux, cordons décorés, luxueux et distingués. Le chevet est sobre mais élevé, l'intérieur discret, presque trop.

BOIS-SAINTE-MARIE

Au milieu du XIXe siècle, l'église de Bois-Sainte-Marie menaçait ruine. Elle a été presque entièrement reconstruite, assez fidèlement, semble-t-il, ce qui en fait un exemple fort intéressant d'architecture rurale très importante avec son clocher imposant, son déambulatoire d'une belle ampleur, sa nef d'une hauteur respectable et sa sculpture abondante. Travail tellement bien refait que personne n'arrive à savoir quelles sont les sculptures originales et quelles sont celles qui sont des copies ! C'est un succès, tout y est : diables crocheteurs, damnés enchaînés, individus s'entre-tuant, masques grimaçants, soldats combattant, lions ricanant. Peu reposant, pas trop suave ; mais la douceur, on la retrouve à l'extérieur avec la charmante Fuite en Égypte de la porte latérale qui, elle, date sûrement du XIXe siècle, mais ne gêne personne.

Bois-Sainte-Marie
En grande partie reconstruite au XIXe siècle, avec un respect remarquable, cette église appartient au groupe du Brionnais. Imposante, elle n'inspire pas pitié avec son large clocher, son déambulatoire dégagé et ses trois nefs.

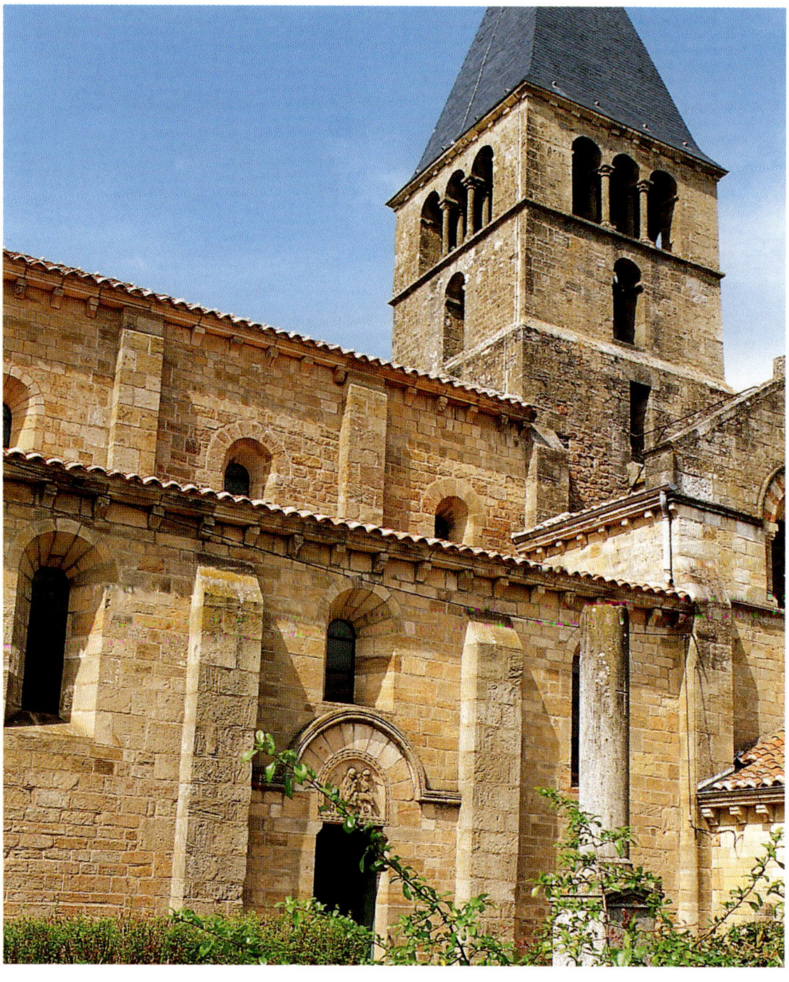

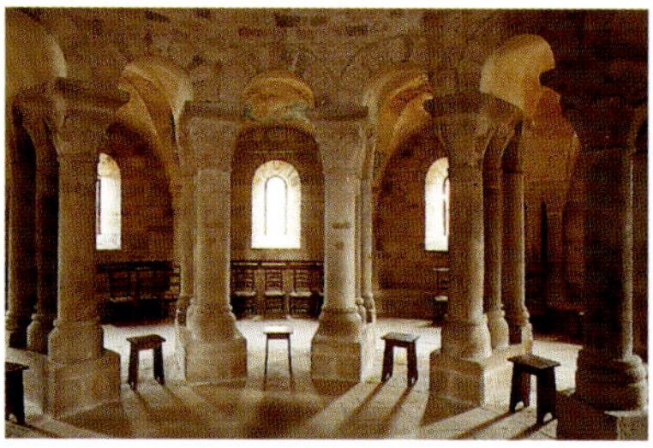

Bois-Sainte-Marie
Une église sérieuse, avec déambulatoire.

SAINT-GERMAIN-EN-BRIONNAIS

L'église de Saint-Germain-en-Brionnais est une bonne vieille église robuste, avec des modillons sculptés, un chœur décoré de colonnettes qui sont la seule touche d'élégance, avec le portail, de cette église solide et sobre. Les sculptures sont plutôt des gravures sur pierre : des feuillages dessinés, quelques animaux ébauchés, touchants par leur maladresse. Mais si l'on entend faire l'histoire de la sculpture au Moyen Âge, il faut les regarder sans honte.

VARENNES-L'ARCONCE

L'église de Varennes-l'Arconce se présente avec un large clocher somptueux, une façade solennelle avec un portail sans prétention mais soigné, une grande recherche dans la construction et le décor où se mêlent des masques malicieux, un sagittaire diabolique, un griffon sûr de lui, des oiseaux bien sages. On tire beaucoup la langue à Varennes-l'Arconce !

Sur la porte de côté, un charmant agneau pascal, surmonté de la croix et entouré de cinq rosaces, accueille discrètement le passant. Une statuaire pittoresque achève d'apporter son charme auprès d'un Christ en croix émouvant datant du XIIIe siècle.

Richesses du Chalonnais

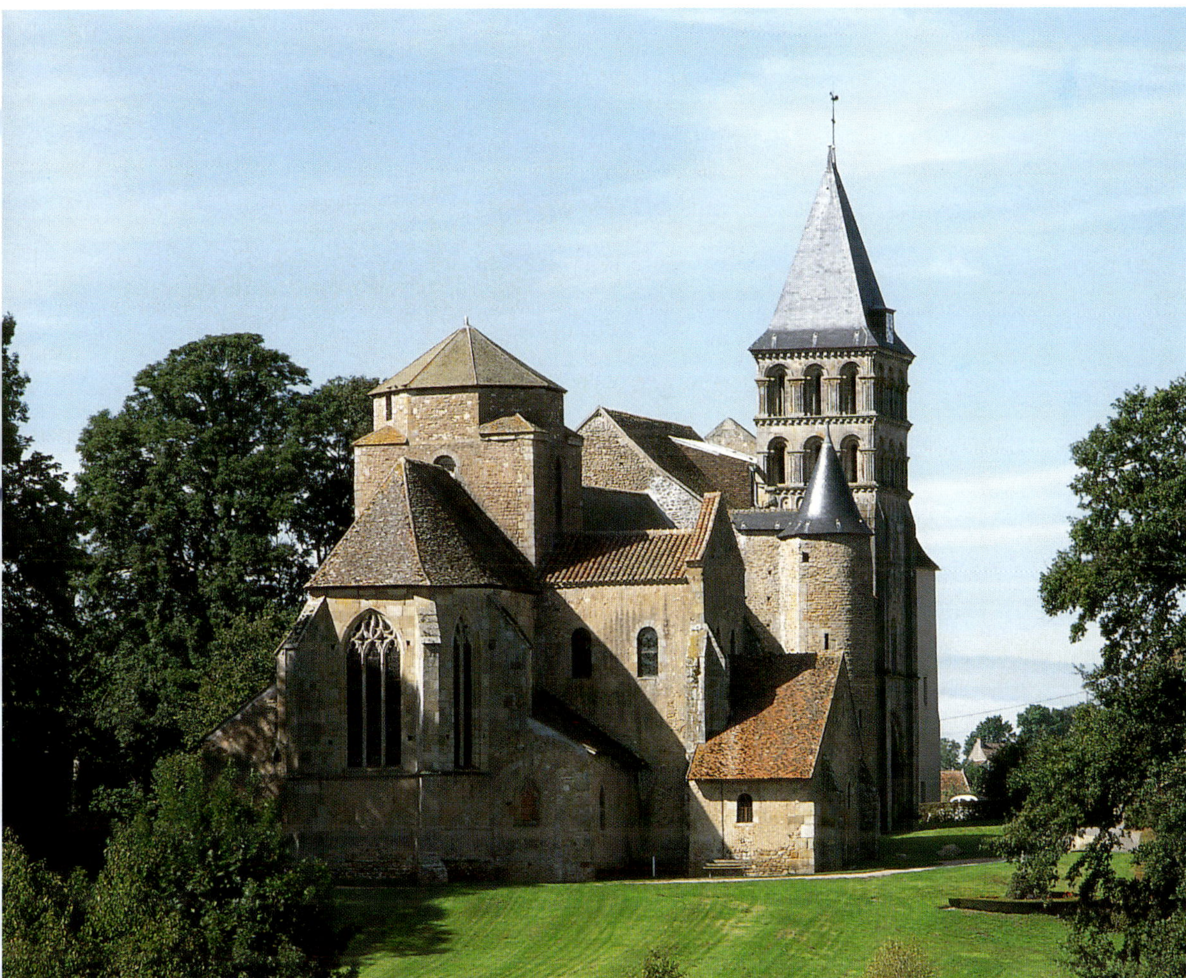

Perrecy-les-Forges
L'intérieur de l'église est impressionnant. Il n'y a pas de voûte en pierre, il manque une nef latérale, mais on admire la croisée du transept et le chœur gothique.

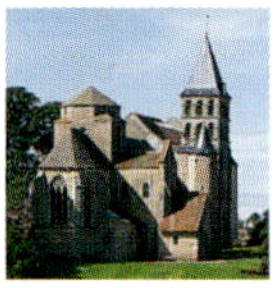

La cathédrale Saint-Vincent de Chalon-sur-Saône n'est romane que par deux absidioles et par la partie inférieure des nefs. Regardez bien ses sculptures, qu'il s'agisse de Caïn et Abel, de l'apparition du Christ, des oiseaux stylisés ou des pèlerins d'Emmaüs.

Les restaurations et adjonctions opérées aux siècles suivants sont souvent remarquables, que ce soit les chapelles ou le cloître. Des œuvres de premier ordre, en particulier une pietà, une tapisserie eucharistique, et une peinture murale représentant la Dormition de la Vierge.

CIEL

L'église de Ciel a été incendiée au XVIIe siècle : il ne subsiste de l'église romane que le chœur, le transept, la première travée, les absidioles et la tour, à l'exclusion de la flèche. Les chapiteaux décorés de larges feuillages somptueux révèlent une maîtrise indéniable et éprouvée.

LAIVES

Perchée sur la colline qui domine l'autoroute, l'église Saint-Martin de Laives a subi bien des transformations au cours des siècles. Mais sa situation en fait l'une des églises les plus saluées du monde. Fichée sur un sommet aride, elle se devait d'être bien armée pour se défendre du vent, de la pluie et du soleil. Son large clocher carré, sa façade robuste et ses contreforts trapus jouent chacun leur rôle de protection. À l'intérieur, se trouvent des sculptures du XVe siècle très intéressantes.

Au pied de la montagne, l'église Saint-Julien de Sennecey possède des restes romans appréciables et contient des statues et de remarquables peintures murales, tardives.

SAINT-MAURICE-DES-CHAMPS

L'humble église de Saint-Maurice-des-Champs a réussi à se faire une beauté avec son petit portail aux piédroits cannelés et son arc timidement décoré.

VAUX-EN-PRÉ

L'église de Vaux-en-Pré est une savoureuse église à clocher carré suffisamment élevé pour être élégant, une façade assez fière avec ses bandes lombardes accentuées et mal restaurées et son abside allongée qui pose quelques problèmes historiques. Ces dernières années, on a découvert à l'intérieur de l'église toute une série de peintures murales plus tardives, curieuses et ne manquant pas de charme.

Bissy-sur-Fley
À une douzaine de kilomètres de Buxy, l'église de Bissy-sur-Fley a dû plaire à toutes les époques : elle fut rallongée et on lui adjoignit un narthex où les paroissiens, sans doute, pouvaient bavarder un peu…

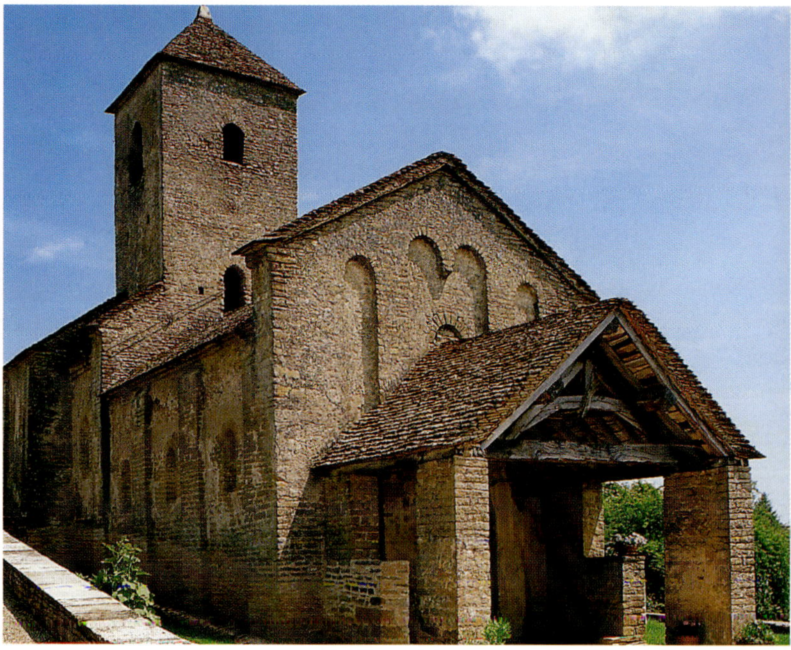

BISSY-SUR-FLEY

L'église de Bissy-sur-Fley n'en finit pas de s'allonger à la suite de constructions successives du XIe et du XIIe siècle ; elle s'est adjoint, plus tardivement, un porche de protection qui ne gâte rien. Des bandes lombardes se promènent un peu partout.

Elle possède un clocher carré d'une sobriété exceptionnelle et se trouve à proximité du château de Pontus de Thiard, ami de Ronsard.

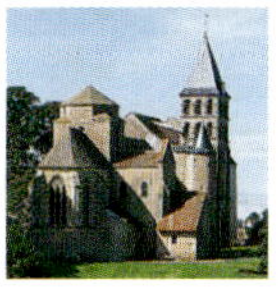

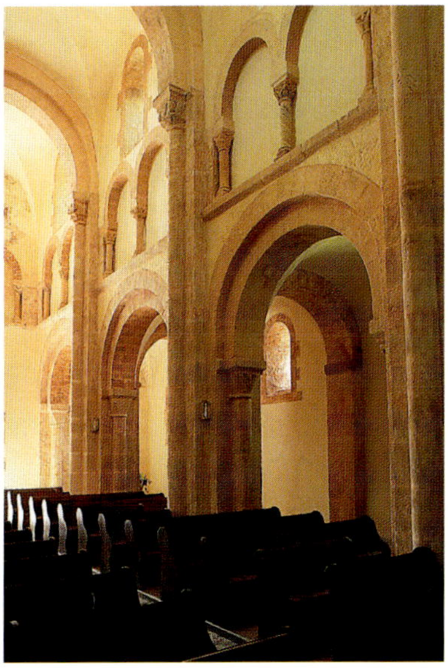

Gourdon
Une église très propre.

LE PULEY

L'église du Puley est une ruine admirable. Pendant de longues années, on s'est acharné, avec un courage étonnant, à consolider cette ruine qui possédait un clocher splendide, malheureusement effondré en 1886. L'église est donc à nu, ce qui permet d'étudier la technique de construction. À quelque chose malheur est bon !

SAINT-ROMAIN-SOUS-GOURDON

L'église de Saint-Romain-sous-Gourdon est une sobre église romane à clocher carré, mais elle se paie le luxe de posséder un beau portail simplement mais intelligemment décoré. Les modillons de l'abside sont fort pittoresques et deux chapiteaux, à l'intérieur, sans être inquiétants sont émouvants dans leur rusticité. Le sculpteur a emporté son secret avec lui…

GOURDON

L'église de Gourdon, récemment restaurée, est elle aussi perchée sur un piton venté ; sa pierre rugueuse convient parfaitement au site. À l'intérieur, les arcs en plein cintre se juxtaposent à des arcs brisés avec des voûtes d'arêtes utilisées fréquemment dans cette région. La sculpture est émouvante par sa rusticité, mais le Christ de l'abside atteint la grandeur ; il a une dignité qui se marie fort bien à la beauté de l'architecture.

Gourdon
Les fresques, récemment restaurées, nous prouvent que l'église était chaleureuse au Moyen Age.

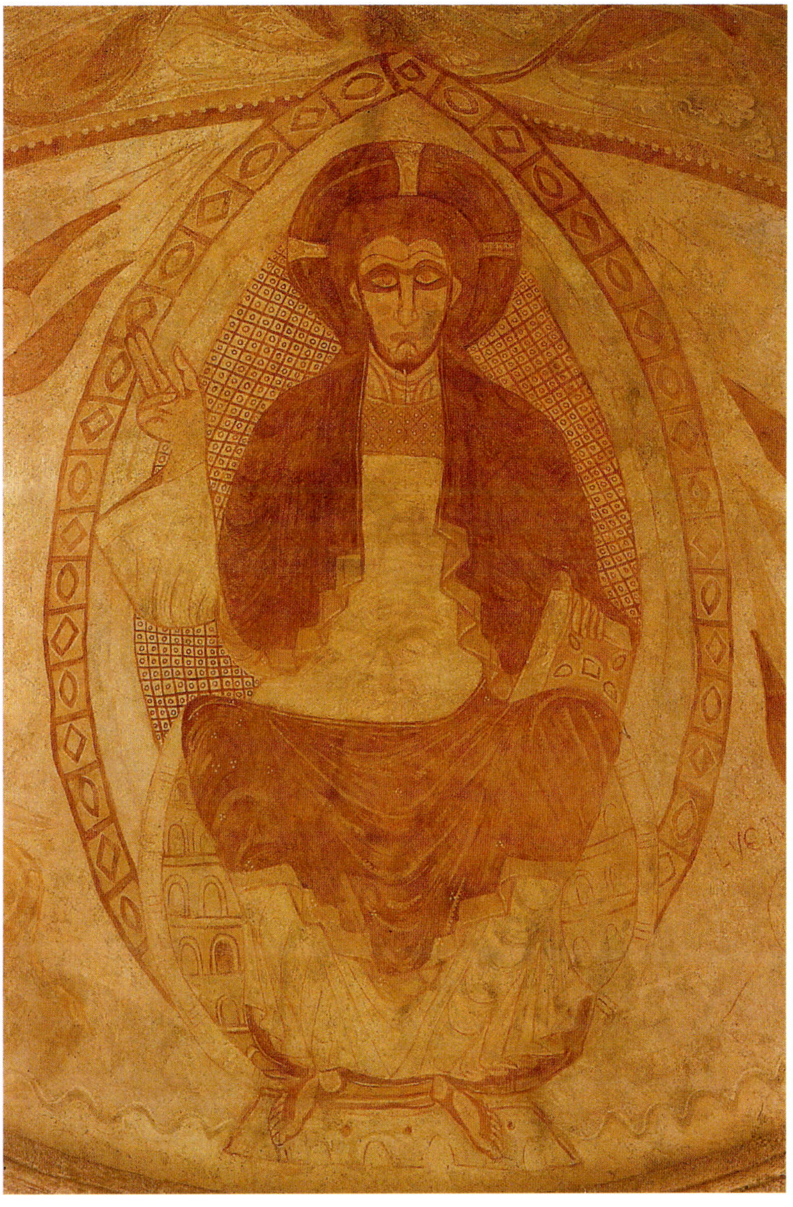

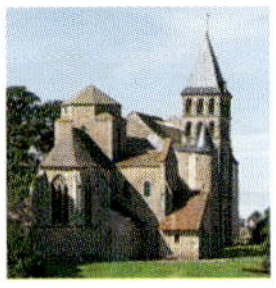

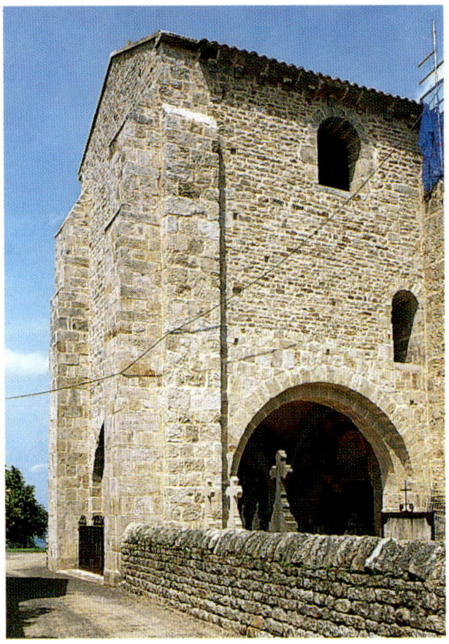

Mont-Saint-Vincent
Prieuré dépendant de Paray-le-Monial, cette église trapue est située à 600 m d'altitude : elle servit de bastion pour protéger les habitants du pays. Son clocher a disparu en 1793.

MONT-SAINT-VINCENT

Située au point culminant de la région, l'église de Mont-Saint-Vincent avait besoin de s'abriter du vent. Elle est longue, basse, trapue et précédée par un porche protecteur. L'absence du clocher, détruit, provoque une gêne. L'intérieur, avec ses arcs en plein cintre et ses berceaux transversaux, comme à Tournus, offre d'excellentes proportions. La sculpture classique de la fin du XIe et du début du XIIe siècle est un peu froide, comme le climat, avec ses masques, ses bouquets, ses animaux affrontés. Le tympan quelque peu primitif et sans prétention protège le mystère de ce haut lieu vénérable.

GENOUILLY

Un clocher un peu trop large, un peu trop massif pour une abside discrète et distinguée.

PERRECY-LES-FORGES

Précédée par un imposant clocher qui protège un narthex de toute beauté, l'église de Perrecy abrite un portail célèbre dans toute la Bourgogne par la qualité de ses sculptures dont certaines ont été réalisées par des artistes venant de Cluny ou de Vézelay. Solennel, le Christ préside assis, entouré de deux séraphins porteurs de six ailes. Fort agité, le linteau nous fait assister à l'agonie du Christ et à son arrestation avec toute une série de personnages tourmentés. C'est le récit de la Passion, sans commentaires, avec les apôtres, Judas, les soldats, saint Pierre et son épée. Les sculptures des piliers, des supports et des colonnes du narthex évoquent tout le mystère du Moyen Âge avec un éléphant, un oiseau tricéphale, un splendide ange au bouclier, une femme rongée par des serpents, une sirène, deux ermites qui se racontent leurs histoires d'ermites, des masques, des bras et des jambes.

Perrecy-les-Forges
Ce prieuré dépendait de Saint-Benoît-sur-Loire. Au début du XIe siècle, son prieur était un ami du célèbre Gauzlin de Saint-Benoît : c'est lui qui entreprit la construction de la nef.

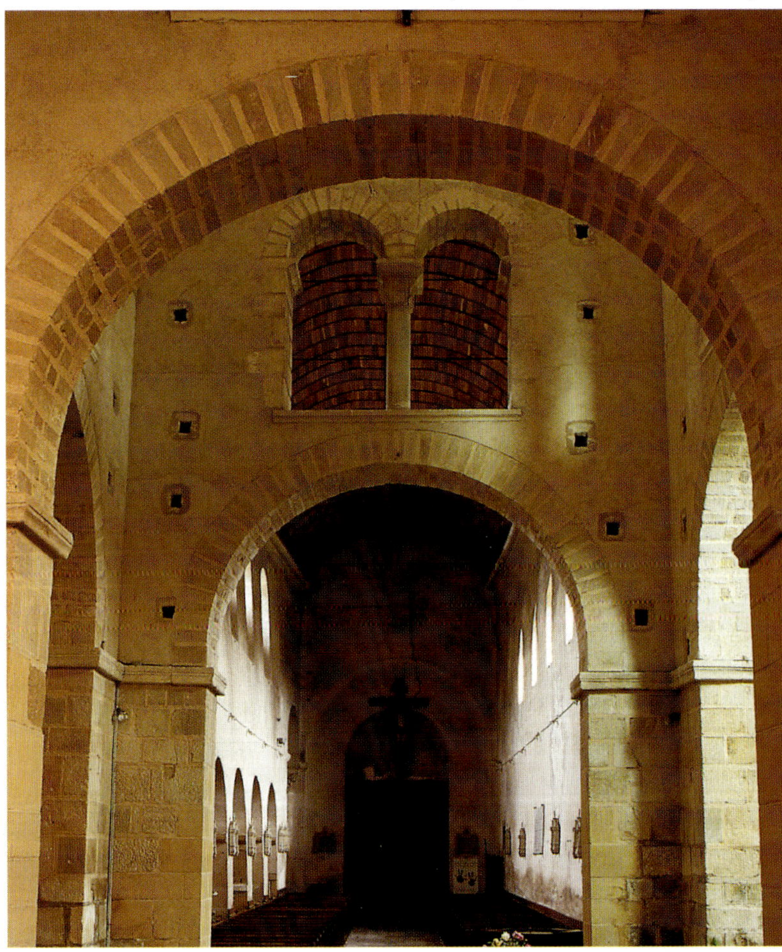

Autun et son école

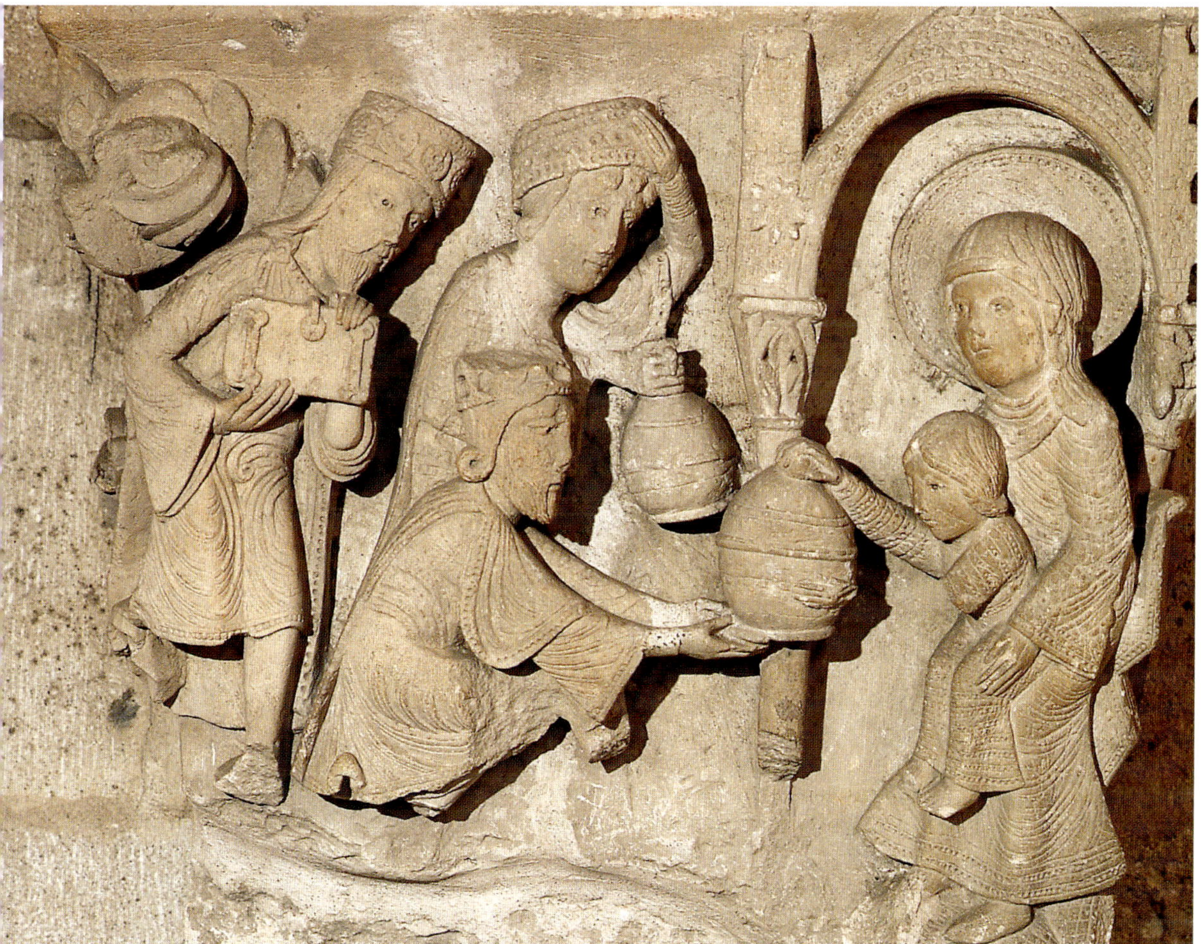

Autun
L'Adoration des Mages. L'Enfant Jésus ouvre le couvercle du cadeau et le deuxième mage enlève sa couronne pour dire bonjour.

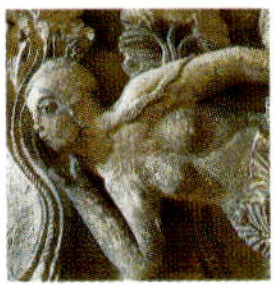

L'art roman en Bourgogne

GISLEBERTUS

Gislebertus est la gloire d'Autun, il a sculpté la cathédrale d'Autun ; il a signé son nom sur le tympan. Pendant des siècles, il a été méprisé ; encore au XIXe siècle, Stendhal, qui était un homme intelligent, a l'audace d'écrire : « J'apprends qu'à Autun, au-dessus de la porte d'une église, on a découvert un bas-relief barbare représentant le Jugement dernier. »

Or, Gislebertus est un homme élégant, chaleureux, affectueux, discret ; les preuves sont innombrables ; qu'il suffit de voir comment il représente saint Joseph, cinq fois, habituellement figuré comme un vieillard, un bélâtre, voire un idiot, incapable d'avoir un enfant ; dans un Mystère du Moyen Âge on avait choisi l'idiot du village pour représenter saint Joseph ! Gislebertus, lui, nous offre un Joseph charmant, un homme qui réfléchit, un homme qui, comme le disent les évangélistes, est fils de David, d'Abraham, de Noé, d'Adam, de Dieu ! Ce n'est pas rien, c'est un grand homme.

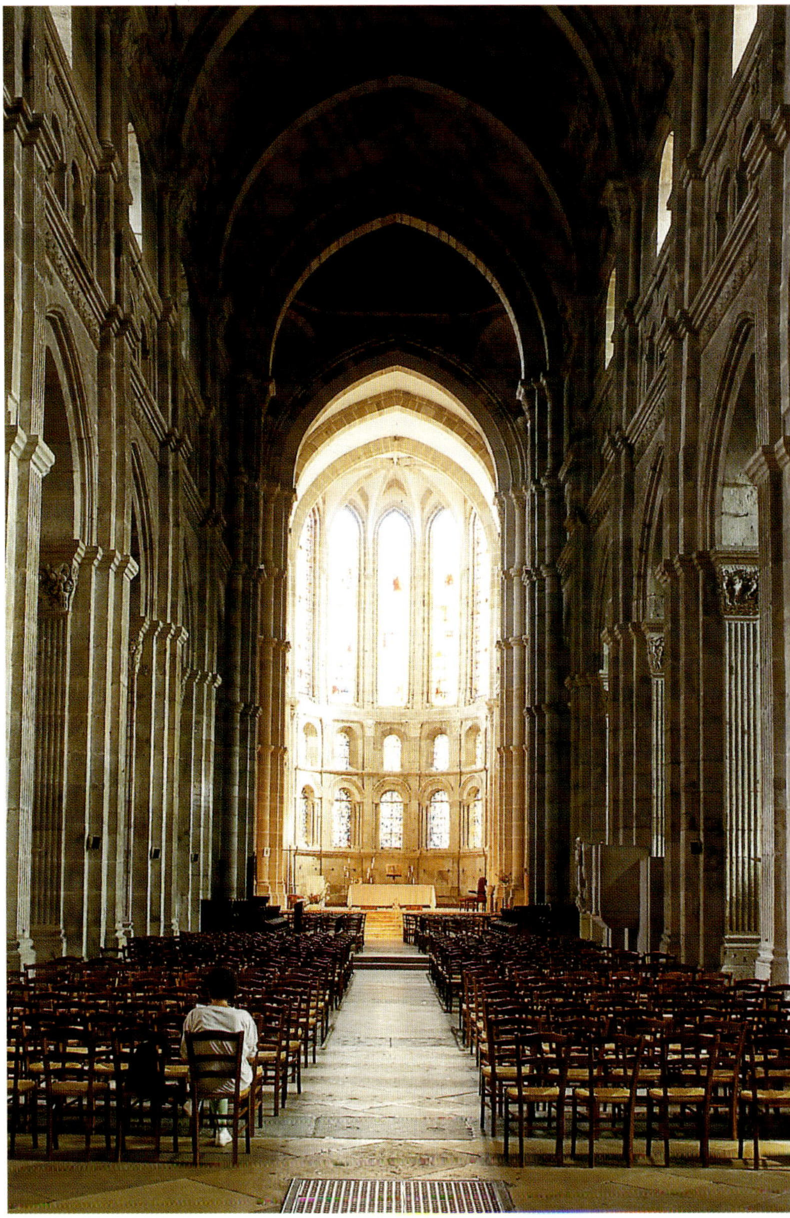

Autun
Le roman bourguignon dans toute sa splendeur.

GISLEBERTUS D'AUTUN

Autun est l'église de la réconciliation.

Au tout début du XIIe siècle, l'évêché était occupé par un évêque insupportable, Norgaud, qui se brouilla avec tous ses voisins, avec le duc de Bourgogne, avec Cluny, avec Vézelay et avec ses chanoines. Il eut l'excellente idée de mourir en 1112 et fut remplacé par un homme très cultivé, Étienne de Bagé, qui fit la paix avec tout le monde : avec le duc de Bourgogne qui lui céda un terrain pour construire sa belle église ; avec Vézelay d'où il fit venir le fameux Gislebertus, sculpteur et probablement moine ; avec Cluny, dont il s'inspira pour faire construire son église de pèlerinage édifiée en l'honneur de saint Lazare. C'est à Cluny qu'Étienne de Bagé, après avoir construit bien d'autres églises qui sont marquées de son sceau, termina ses jours comme simple moine.

La décision de construire la nouvelle église fut prise en 1120. En 1146, tout était achevé, sauf le porche.

L'architecture d'Autun s'inspire de celle de Cluny et de celle de Paray-le-Monial, avec l'élévation intérieure à trois étages et la voûte en berceau brisé. L'influence des monuments romains, nombreux à Autun, se fait également sentir dans la cathédrale. Cela est normal.

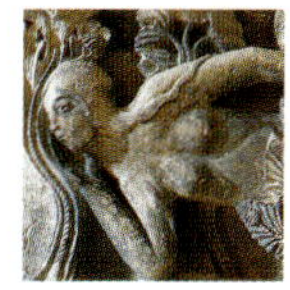

Ce qui retient surtout l'attention à Autun, c'est la sculpture avec le célèbre tympan où Gislebertus grava son nom sous les pieds du Christ. Certains parlent d'orgueil mais il serait plus juste de parler d'humilité. Quoi qu'il en soit, Gislebertus a réalisé l'une des œuvres majeures de l'art roman occidental. Sur le linteau, on voit à droite les damnés, la tête baissée, le cou allongé, se diriger dans la direction qu'ils ont choisie : jamais défilé de têtes n'a été aussi sinistre. À gauche, les élus restent discrets : deux évêques avec leur crosse, trois enfants qui dansent, deux pèlerins qui cheminent se rendent tranquillement au ciel. Le sculpteur a bon esprit, très bon esprit : les deux évêques vont au ciel et le nombre des élus est supérieur à celui des damnés. Au-dessus du linteau, à droite, saint Michel, d'une rare élégance, préside à la pesée des âmes. Là encore, le sculpteur a bon esprit, très bon esprit : la balance penche du bon côté. Il faut reconnaître que saint Michel triche, il appuie sur le plateau de la balance, mais il le fait devant tout le monde. Les diables sont là, grimaçant, gesticulant et triturant, mais ils n'occupent qu'une place restreinte. De l'autre côté du Christ, les apôtres, serrés et groupés, réconciliés et rassurés, sont émerveillés de ce qui leur arrive et, à gauche, tout un petit monde enthousiaste monte à l'assaut du ciel, surveillé par un saint Pierre, immense et porteur d'une clé immense. Au-dessus des Apôtres, la mère du Christ, assise, préside à la cérémonie avec étonnement. Saint Matthieu ne pouvait penser à cela. Gislebertus, lui, y a songé. Tout autour du tympan sont représentés les travaux des mois

Têtes de saint Lazare

Il est facile de jaser sur les reliques vénérées au Moyen Âge. On ignore simplement que nos ancêtres avaient un sens de l'histoire bien plus affiné que nous : ce ne sont pas les reliques qu'ils vénéraient, mais le personnage. Le plus on était saint, le plus on devait avoir de reliques : on en inventait, on en volait. On possède soixante doigts de Jean-Baptiste, « le » doigt, qui désigna le Christ, et douze crânes de lui. Essayez donc de prévoir pareil succès avec vos doigts ou avec vos crânes. Si vous ne le pouvez pas, c'est que vous êtes insignifiant, et c'est tout.

Saint Lazare, lui, a plusieurs crânes ; dans la région : l'un à Autun, l'autre à Avallon. Au XVe siècle, le cardinal Rolin, évêque d'Autun, voulut savoir la vérité ; il pensait qu'un bout de crâne se trouvait à Autun, l'autre à Avallon. Il réunit les chanoines d'Autun, ceux d'Avallon et, ce qu'il ne fallait pas faire, des médecins, car les médecins furent honnêtes, ce qui n'est pas une qualité pour des médecins. Ils assurèrent que les deux crânes appartenaient à deux personnages distincts. Le cardinal eut un trait de génie. Il décida que chacun partirait avec son crâne et que si quelqu'un reprenait le procès, il serait excommunié. Chacun repartit avec son crâne et il y eut des miracles des deux côtés. Le crâne de saint Lazare a été volé en janvier 1998.

Chanoines d'Autun

Les chanoines d'Autun sont célèbres, disons, qu'ils l'étaient. Ce sont eux qui assuraient l'office dans la cathédrale ; ils étaient les propriétaires de la cathédrale ; ils l'entretenaient, construisaient des chapelles et tenaient à leurs prérogatives, même contre les évêques qu'ils recevaient en grande pompe, mais à qui ils faisaient jurer qu'ils ne toucheraient pas à leurs droits. À l'origine, ils vivaient en communauté mais, rapidement, ils prirent leur indépendance, ce qui provoqua parfois des excès. Au XVe siècle, ils se heurtèrent au cardinal Rolin, leur évêque, qui avait mauvais caractère, qui passait son temps à les excommunier et, au besoin, à les mettre en prison ; l'un d'eux fut excommunié onze fois !

Il n'empêche que la plupart du temps, les chanoines étaient fort dignes, cultivés. De plus, le diocèse d'Autun s'étalait jusqu'à Nuits-Saint-Georges ; ils plantaient de la vigne dans le grand vignoble bourguignon et, encore aujourd'hui, des vignes célèbres portent le nom de Clos du Chapitre ; il s'agit tout simplement du chapitre de la cathédrale d'Autun, c'est-à-dire des chanoines.

L'Eve couchée de Gislebertus, fragment du linteau d'un portail latéral de la cathédrale d'Autun (musée Rolin). Peut-être la plus belle image de la « mère des hommes » et l'une des illustrations les plus suggestives de la tentation.

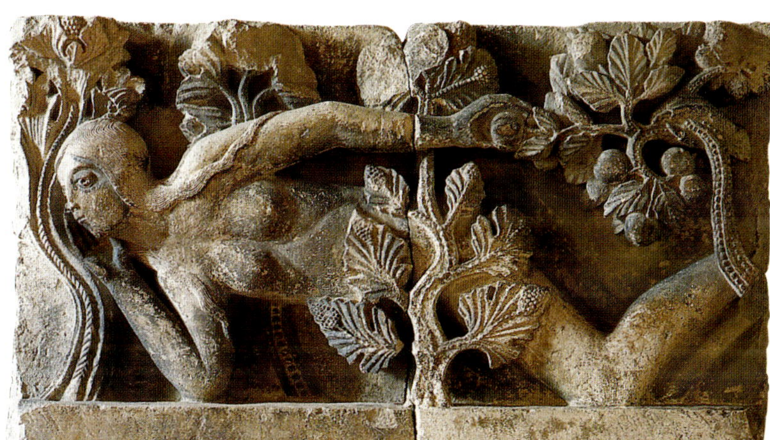

avec une série de braves gens qui sont heureux de travailler, qui ne sont pas grossiers et qui sont épanouis. Le vigneron dans sa cuve, à lui seul, est bien réconfortant par son enthousiasme et son bon appétit.

La sculpture intérieure de la cathédrale présente une unité remarquable. Presque partout, la main ou le style de Gislebertus. Saint Vincent, tout nu, protégé par deux aigles, est mieux habillé qu'un roi et plus vivant qu'un gredin. Simon le Magicien, patron de l'évêque Norgaud, est fort bien traité ; il s'étale. Les clochettes du quatrième ton de la musique n'arrêtent pas de tinter. Étienne, lapidé, ses trois pierres sur la tête, fait sa prière et attend que tout cela se passe. Noé, à la fenêtre de son arche, pense au merveilleux voyage qu'il entreprend : personne ne se noie. Abraham se garde bien de tuer son fils. Saint Pierre, la corde au cou, s'apprête à sortir de prison. Anne est tout heureuse de retrouver son Joachim de mari qui était perdu ! Les Hébreux, dans la fournaise, font sagement leur prière en se désintéressant complètement du feu. Dans sa fosse aux lions, Daniel médite calmement et se moque bien de ses lions qui tapent du pied. Le Christ transfiguré apparaît à la Madeleine émerveillée. Le diable se contorsionne en racontant ses histoires de fou au Christ et dans la salle capitulaire, Judas, entre les pattes de ses vieux amis les diables, n'arrive pas à se dessécher, pendu au bout de sa corde. La Vierge et l'Enfant s'en vont en Égypte sur un âne qui sourit et avec un saint Joseph qui ne cherche pas à comprendre. Les Mages dorment calmement ; ils étaient tellement fatigués qu'ils ont oublié d'enlever leur couronne et l'étoile a la forme d'une fleur : le ciel est un jardin. À côté, ils apportent leurs présents, très fiers. L'Enfant-Jésus ne joue pas au bon Dieu et ouvre le couvercle. Saint Joseph, cette fois, cherche à comprendre, sans succès ! Bien d'autres sujets sont traités aussi allégrement sur les chapiteaux de toute la cathédrale, il convient de s'en occuper.

Au musée Rolin, se trouve la merveilleuse Eve qui accueillait le monde sur le portail latéral : la plus

Autun
Le tympan de la cathédrale, en parfait état de conservation.

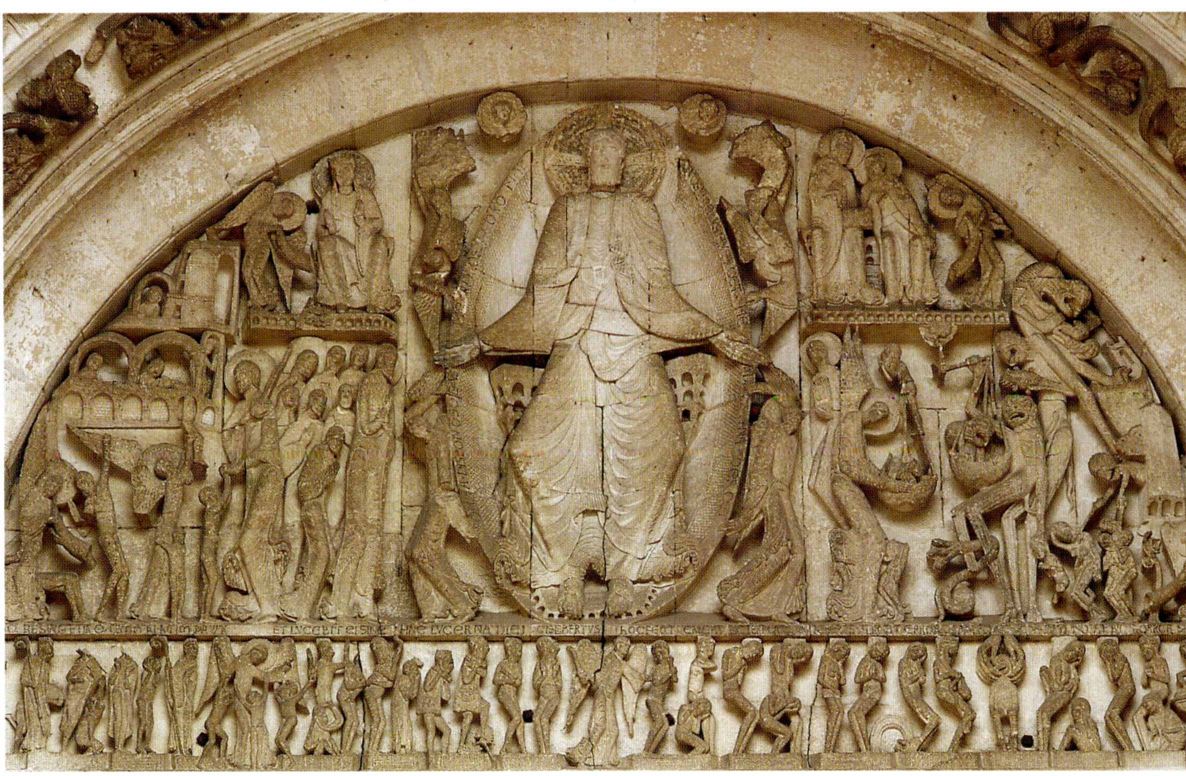

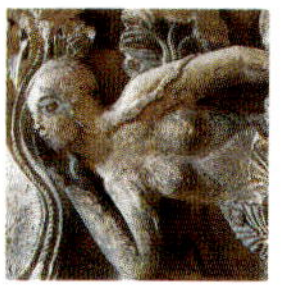

belle femme du XIIe siècle. Tout à côté, se trouve la Vierge qui monte au ciel : c'est la plus distinguée des femmes du XIIe siècle. Dans la salle voisine, trois statues venant du tombeau de saint Lazare et représentant André, Marthe et Madeleine sont attendrissantes de dignité et de beauté.

La petite chapelle Saint-Nicolas au bas de la ville, avec sa belle fresque représentant un Christ en gloire très digne, est une petite réplique, recueillie, de la grande cathédrale.

Fresques

Au Moyen Âge, les églises étaient peintes ; toutes les absides étaient recouvertes de fresques, les sculptures, fréquemment étaient peintes : le tympan d'Autun était peint ainsi que les chapiteaux. Le nombre de fresques conservées en Bourgogne est important, éloquent ; la plupart du temps, elles sont admirables, citons celles d'Auxerre, de Berzé-la-Ville, de Curgy, de Saint-Nicolas d'Autun, de Gourdon, de Germagny, de Tournus et regrettons celles qui ont disparu.

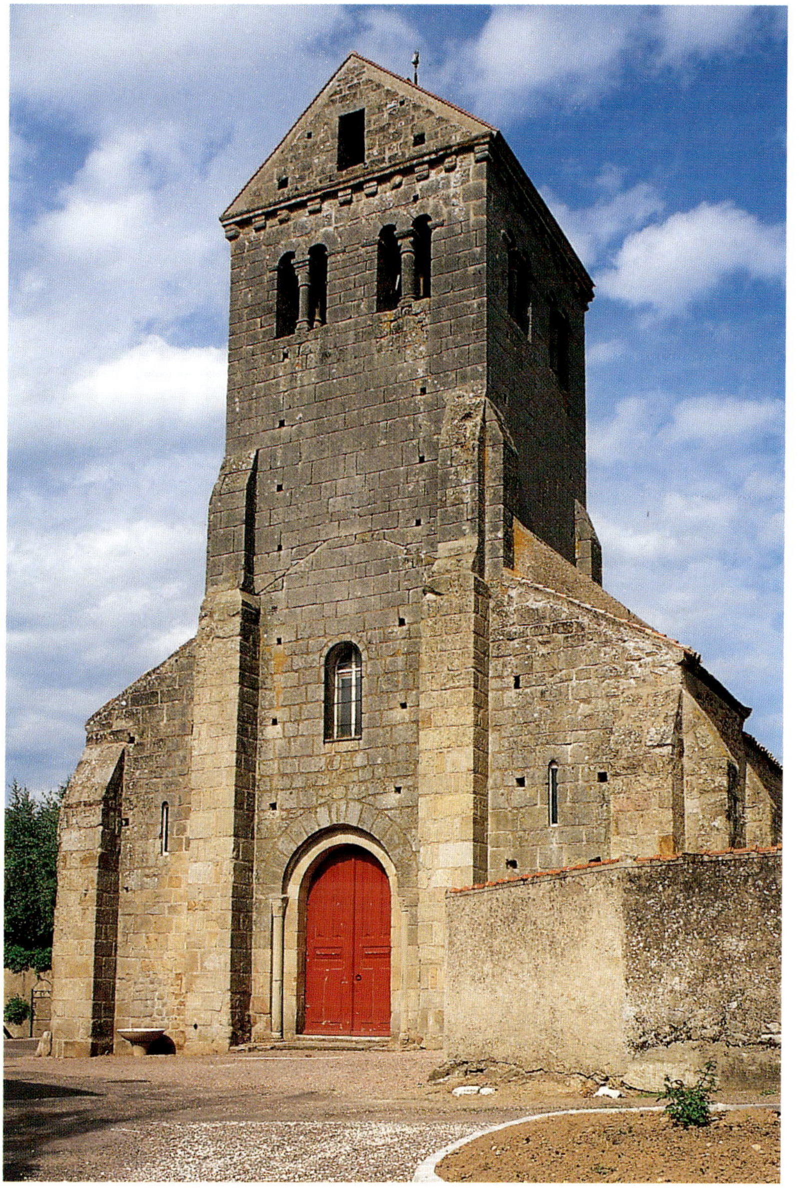

Curgy
Église trapue et familiale.

CURGY

Trapue à l'extérieur, l'église de Curgy est intime à l'intérieur avec ses piles simples et ses trois absides. L'édifice a été construit à une époque où l'on ne savait pas tout, mais on faisait quelque chose : à l'intérieur, les trois absides sont en demi-cercles, mais à l'extérieur, le chevet est rectangulaire. Autant dire qu'on a simplifié le problème. On n'a pas ménagé la pierre ; un mur droit est plus facile à réaliser qu'un mur circulaire. Une très belle fresque du XIIe siècle représente un Christ de majesté et une statuaire succulente et colorée achève de donner à cette église un attrait complémentaire, cette église qui frétille de plaisir d'être encore debout, alors que sa destruction était décidée au XIXe siècle.

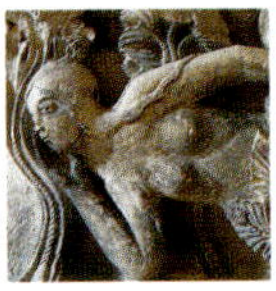

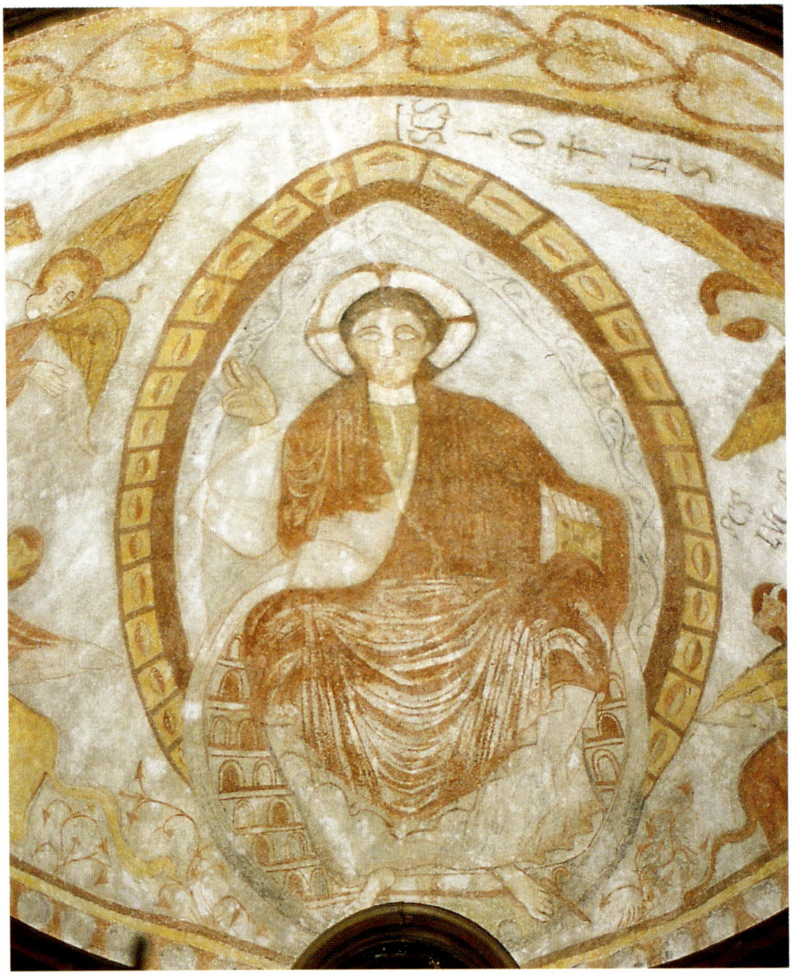

Curgy
Quelques fresques des XIe et XIIe siècles ont heureusement été conservées en Bourgogne, comme celle de Curgy. Ces peintures sont en général d'excellente qualité, parfois meilleure que celle des œuvres postérieures et notamment du XIVe siècle.

SÉMELAY

L'église de Sémelay a dû poser des problèmes lors de sa construction ; on est en effet passé de l'arc en plein cintre à l'arc brisé, ce qui provoqua un certain désaccord ; cela ne l'empêcha pas de résister au temps jusqu'en 1782, année où la dernière travée et le portail s'effondrèrent. Il fallut attendre jusqu'à 1878 pour entreprendre la restauration. En son état actuel elle ne manque pas de grandeur et présente un ensemble sculptural important, prouvant, s'il en est besoin, que les grands sculpteurs n'étaient pas si nombreux au XIIe siècle ; tout y est : dragons et autres suppôts de Satan ; Adam et Eve sont un peu égarés au milieu de cette faune trouble et redoutable.

LAIZY

La petite église de Laizy a subi bien des déboires. On se demande même pourquoi elle est encore debout. Elle est une petite sœur de la cathédrale d'Autun avec ses pilastres cannelés, sa voûte brisée et ses sculptures.

Autun n'était pas solide, on le sait. À Laizy, ce fut la catastrophe : la voûte s'effondra, on ne la refit jamais et on imposa aux murs extérieurs de l'église un corset de contreforts épais et disgracieux. Cela n'empêcha pas l'intérieur de l'église, le transept et le chœur de conserver un charme évident, avec des sculptures situées sur les légers piliers du chœur représentant des oiseaux pensifs et des masques. Au sommet de l'un des piliers du transept, les pèlerins d'Emmaüs sont à table aux côtés du Christ. L'église possède plusieurs œuvres d'art de premier ordre, dont une charmante Vierge à l'Enfant du XVe siècle.

ISSY-L'ÉVÊQUE

Bonne église romane que celle d'Issy-l'Évêque, influencée par Autun, parente de celle de Sémelay. Là aussi, on passe de l'arc en plein cintre à l'arc brisé, aux cannelures, à la voûte d'arêtes. Un bon devoir, une réalisation correcte, les sculptures sont sobres, sans recherches. Les artistes n'ont pas voulu faire plus qu'ils ne pouvaient. Ce sont des sages, ils donnent entière satisfaction et leurs bouquets ne sont pas dépourvus d'intérêt.

La paix de Fontenay

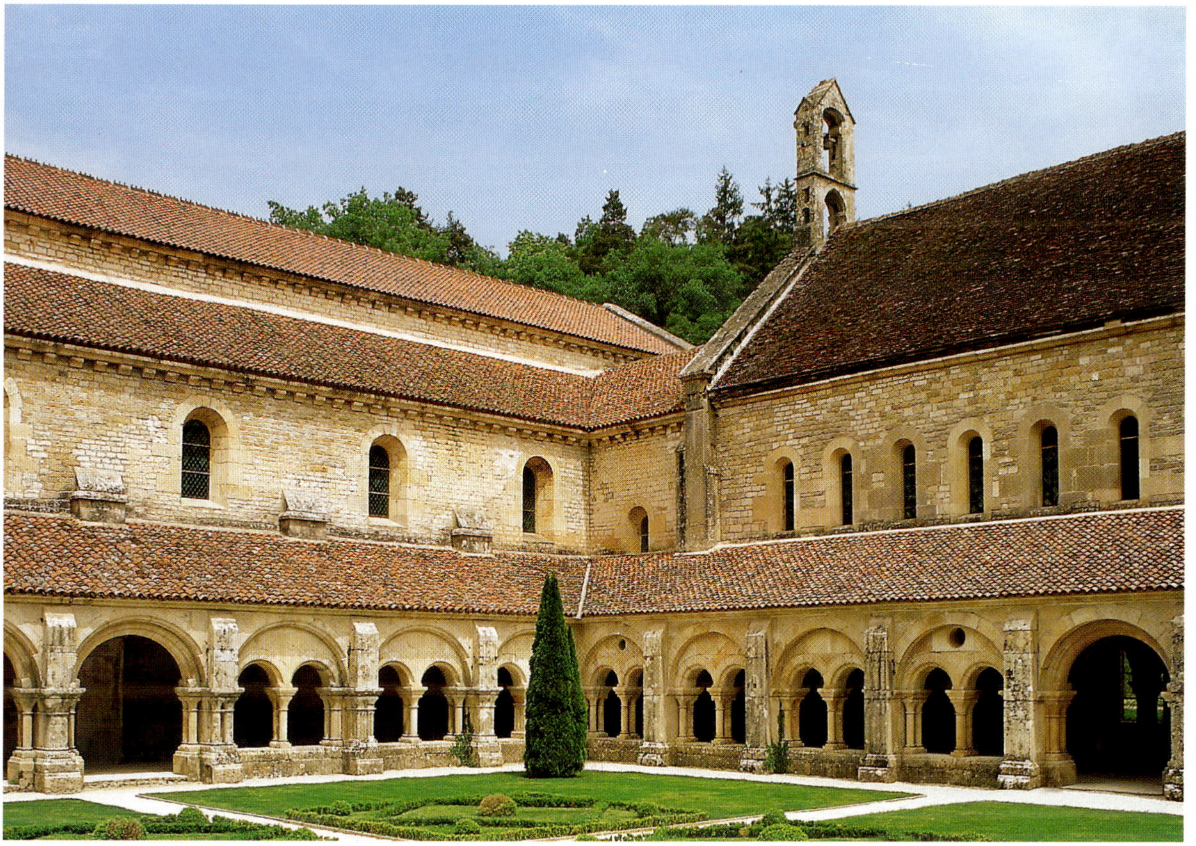

Fontenay
Cœur du monastère cistercien, le cloître est un chapelet de pierre éternellement recommencé. Celui de Fontenay dessine un quadrilatère de 36 m sur 38. Chaque galerie de huit travées à voûtes d'arête ouvre sur l'espace central par une arcade en plein cintre, entre deux solides contreforts. Colonnettes et arcatures épousent le rythme d'une marche.

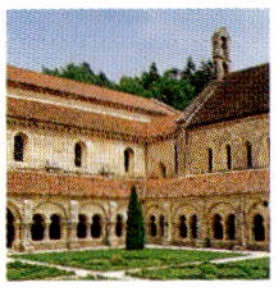

L'art roman en Bourgogne

Saint Bernard

L'ordre cistercien n'a pas été fondé par saint Bernard, mais c'est lui qui lui a donné un essor extraordinaire. Bernard naît à Fontaine-les-Dijon en 1090. À 22 ans, il entre à Cîteaux, entraînant une trentaine de ses parents et amis. Devenu abbé de Clairvaux, il fonde un nombre invraisemblable de monastères (393). Il était le conseiller des princes et des papes. Il se déplaçait un peu partout, un peu de trop (!) alors qu'il avait une santé déplorable ; il fut agonisant pendant trente ans. En 1145, il écrivait au pape Eugène, son ancien disciple : « J'ai déjà un pied dans la tombe », il mettra huit ans pour mettre l'autre.

À Fontenay, on respire la présence de saint Bernard et de Cîteaux.

Dans l'église de Fontenay, comme dans les églises cisterciennes, il n'y a pas de clocher, un portail modeste, pas de tympan, pas de vitraux colorés, pas de sculptures. Vue de l'extérieur, l'église ne laisse rien deviner. On croit voir une grange. Elle n'a pas plus d'apparence que la fonderie située à proximité. Mais lorsqu'on pénètre dans l'église, quel choc ! Une impression d'équilibre, de plénitude, de solidité, de vie.

Les hommes qui ont construit cette église, apparemment excessifs, se révèlent être des maîtres de la mesure et de la plénitude. La voûte est en berceau brisé comme chez les clunisiens mais les chapiteaux n'ont qu'une décoration très sobre. Ils jouent leur rôle véritable, qui est un rôle d'architecture. Ils servent d'intermédiaire entre les piliers et les voûtes, entre la terre et le ciel. Cette église est le règne de la mesure, de la géométrie, des chiffres. Les moines vivaient avec les nombres sacrés, les nombres de Dieu. Cette église est une épure dans laquelle ils étaient à l'aise jour et nuit. L'escalier de leur dortoir part du chœur de leur église. Le soir, ils le montent, la

Fontenay
Galerie est du cloître.

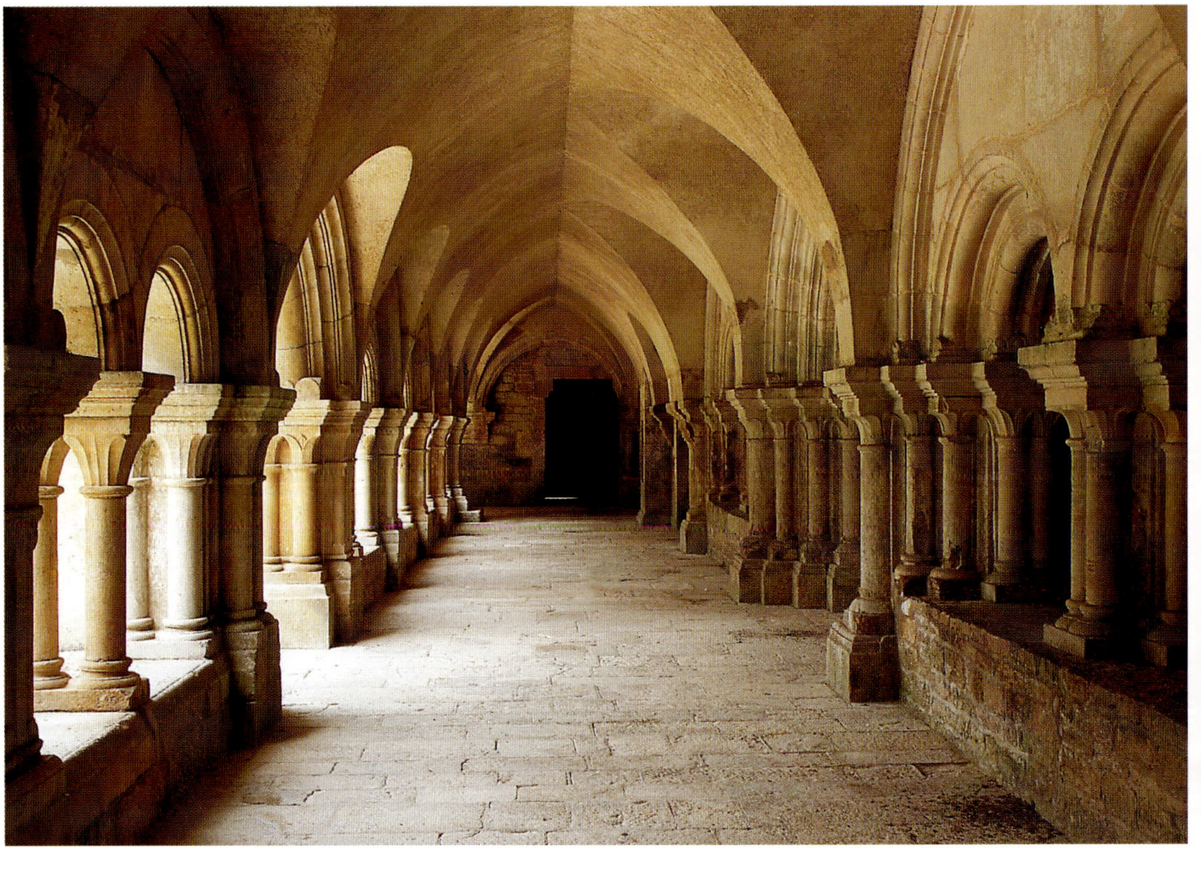

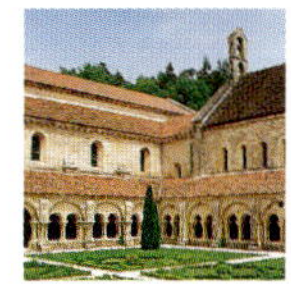

nuit, ils le descendent. Dans leur dortoir, ils sommeillent, ils dorment dur dans leur immense dortoir, tout habillés, sur une paillasse, sur une planche ; leur dortoir, qui est tout sauf un préau, sauf un hall, leur dortoir qui est lui-même équilibré, qui rend l'équilibre à ceux qui risquent de le perdre. La charpente date du XVe siècle. Elle ne bouge pas, elle ne se salit pas. Ils le savent, ils sont dans un navire qui connaît sa route et qui ne se trompe pas, qui ne trompe pas.

Ils montent et descendent l'escalier, la nuit, et depuis le XIIIe siècle, ils vénèrent la belle statue, l'admirable statue de leur mère du ciel, plantée en pleine vue pour les protéger.

La porte qui s'ouvre sur le côté, non loin de la Vierge, donne sur leur cimetière, dans lequel on les enterrera, anonymes, sans cercueil, en chantant Alleluia.

Le cloître jouxte l'église. D'une solidité à toute épreuve, il est d'un équilibre et d'une stabilité extraordinaires. C'est là que les moines marchent, tournent, réfléchissent, s'arrêtent. Sur un côté s'ouvre la salle capitulaire où ils écoutent leur abbé, leur père, où ils reconnaissent leurs erreurs, où ils remplissent leurs esprits. À côté se trouve le scriptorium où ils transcrivent les vieux textes, où ils écrivent les textes de l'Ancien et du Nouveau Testament, les textes des Pères qu'ils se transmettent de génération en génération. Dans leur scriptorium, l'hiver, ils ont froid à leurs mains ; leur encre a froid. Ils se rendent de temps à autre à côté, dans le chauffoir, pour réchauffer leurs mains et leur encre.

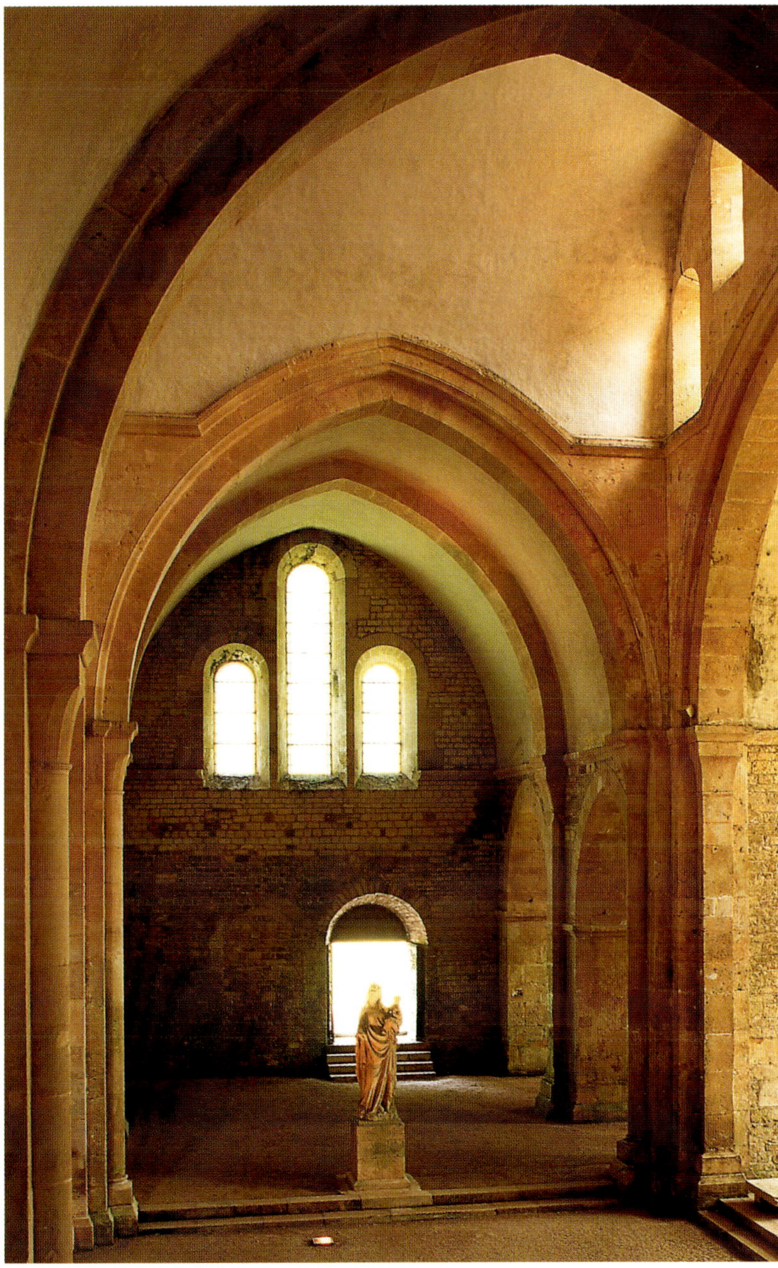

Fontenay

Consacrée le 21 septembre 1147 par le pape Eugène III, ancien moine de Clairvaux et en présence de saint Bernard, l'église de Fontenay va à l'essentiel. Elle est d'une lumineuse sérénité. La Vierge de Fontenay (fin du XIIIe siècle) a été sculptée pour l'abbaye dont elle devait être la protectrice. Une œuvre toute en grâce souriante et en inflexion du corps.

Non loin de là se trouve leur usine, qui est aussi belle que leur église, construite un peu plus tard mais dans le même esprit, leur forge où ils traitent leurs outils. Ils ont creusé un canal qui fait marcher leur moulin. Ce moulin qui leur fournit l'énergie. Un peu plus loin, ils ont leur plan d'eau où ils élèvent des truites. Depuis leur installation, ils élèvent des truites. S'ils ne sont plus là, les truites sont toujours là ; elles font partie de leur blason.

Plus loin encore, ils défrichent, ils plantent, ils récoltent, pour eux, pour les autres.

BUSSY-LE-GRAND

À Bussy-le-Grand, non loin du célèbre château, une église transformée au cours des siècles, construite au milieu du XIIe siècle, profite de la science de Cluny, de la sobriété de Cîteaux et de la proximité de Saulieu. La sculpture, vivante comme celle de Saulieu, présente un choix de feuillages enchevêtrés, d'animaux exubérants et fous, extraits de pages de manuscrits, de personnages tissant on ne sait quelle tapisserie, de diables et de vices. La vie.

TIL-CHÂTEL

L'église de Til-Châtel est l'une des dernières églises romanes de la Bourgogne. Tout est solide dans cette église dotée d'un large clocher quadrangulaire et achevée par trois absides. Deux tympans décorent les portes de l'église : l'un est signé Petrus Divionensis, il représente un Christ de gloire accompagné de quatre anges et des symboles des quatre évangélistes. À l'intérieur, Petrus sculpta quelques chapiteaux représentant des sirènes, des oiseaux et des masques.

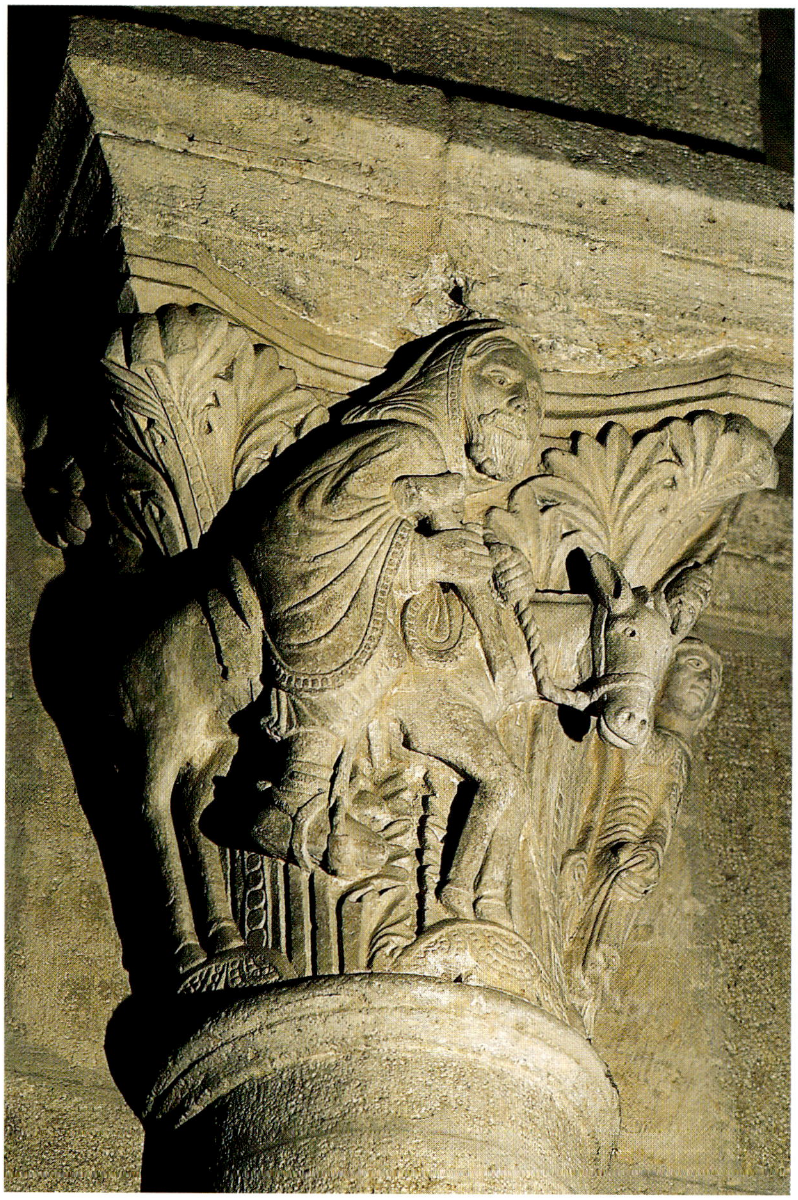

Saulieu
Saint Ancloche : Balaam sur son âne.

CHÂTILLON-SUR-SEINE

Juchée sur son rocher, l'église Saint-Vorles de Châtillon est un peu composite du fait des adjonctions qui lui ont été apportées. Mais sa situation et sa rudesse même la recommandent à l'attention. Les parties les plus anciennes datent de la fin du Xe siècle, et l'on peut assister, à l'intérieur, à ces premiers essais de construction un peu frustes : les piles passent du plan carré au plan cylindrique, sans prévenir. À Châtillon, on en est au stade de la recherche. C'est l'aspect merveilleux de cette église.

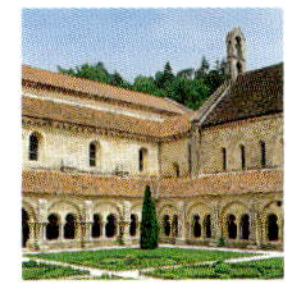

SAULIEU

La collégiale de Saulieu a bien souffert depuis sa construction. Fort heureusement, il lui reste suffisamment d'éléments du XIIe siècle pour en faire un des joyaux de la Bourgogne romane. La nef seule date de cette époque. Elle s'inspire de l'architecture d'Autun, en plus sobre et plus intime.

Ce qui fait gloire de Saulieu, ce sont ses chapiteaux succulents. Dans l'apparition du Christ à la Madeleine, le Christ a évidemment une tête trop grosse, mais quelle belle attitude, et la Madeleine est merveilleuse. Le chapiteau de Judas pendu nous montre un Judas véritablement pendu et… pantois. Il n'en revient pas. Dans la Fuite en Égypte, saint Joseph ne cherche pas à comprendre, l'âne a l'air de plaisanter, la Vierge n'a pas de mains assez grandes pour protéger son petit enfant. Dans la Tentation du Christ, le diable est un portrait, le Christ n'aime pas qu'on le dérange dans sa lecture, et l'ange se demande ce qui va arriver. Avec Balaam sur sa bourrique, nous voyons un âne mécontent. On le comprend, il vient de recevoir un coup de bâton ; Balaam, le devin, savant, avare, cupide et vaniteux, a peur. Il a l'air de don Quichotte avec ses étriers. Ce n'est pas comme cela qu'on monte sur un âne. On voit également un arbre étonnant aux larges feuilles vigoureuses qui s'adaptent si bien au chapiteau que depuis huit cents ans il les aime et les nourrit. Elles ne fanent pas.

Saulieu
Saint Ancloche , pendaison de Judas.

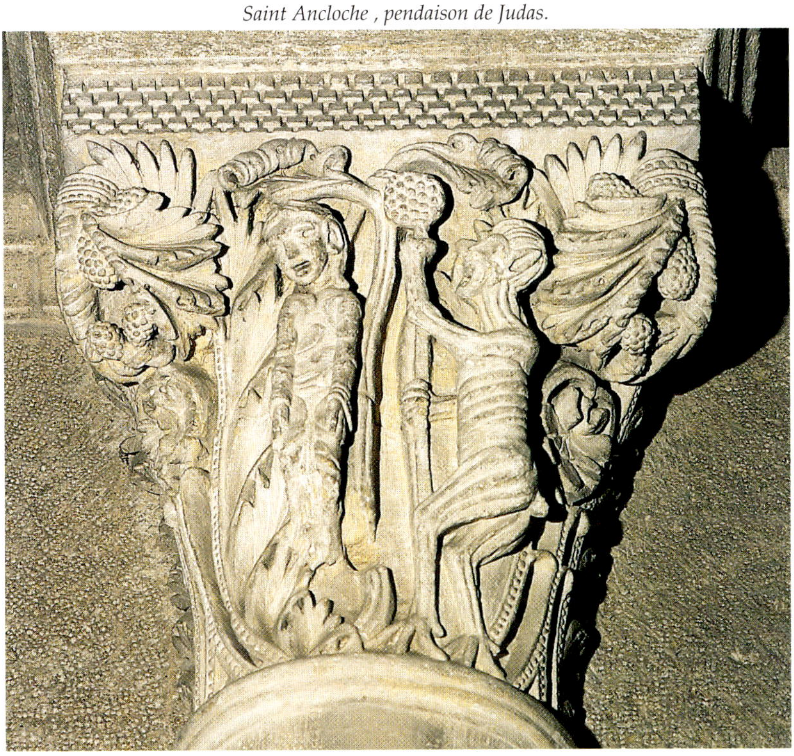

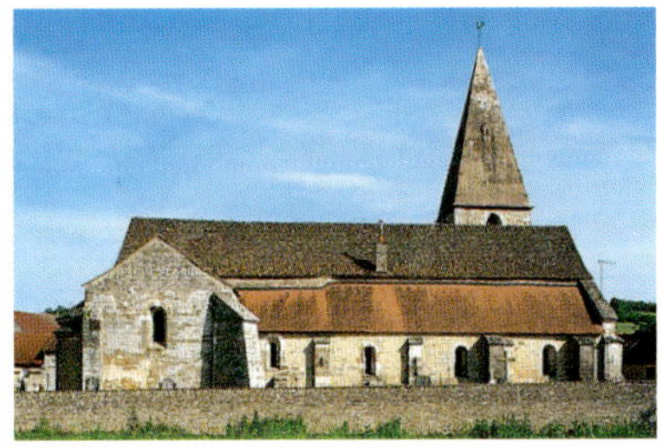

La Rochepot
On connaît le château de La Rochepot, entre Beaune et Nolay. Mais ce village possède aussi une vénérable église qui abritait jadis un prieuré. Les moines virent un peu grand… L'église subit bien des avatars… Comme le château ! L'essentiel, c'est ce qui reste.

LA ROCHEPOT

La petite église de La Rochepot, à l'ombre du solennel château fort, a subi elle aussi l'influence de la cathédrale d'Autun. La solidité n'a pas été son fort, la voûte ne résista pas. Heureusement, on sauva l'église qui renferme quelques chapiteaux corrects, en particulier un Balaam, une Annonciation et un combat de chevaliers.

BEAUNE

La collégiale de Beaune respire l'atmosphère d'Autun. Elle est plus modeste, plus intime, chaleureuse. Elle a été modifiée, transformée, complétée. Il n'y a pas de regrets à avoir. Elle possède une petite série de chapiteaux inspirés de ceux d'Autun, véritablement inspirés, mais le génie s'est envolé. À côté de celui d'Autun, le martyre de saint Étienne fait un peu pitié, le père Noé sortant de son arche ne manque pas de caractère, pas plus que les deux petits animaux qui reprennent, tout heureux, leur liberté. Quant aux

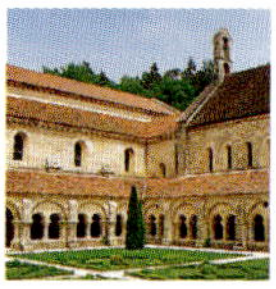

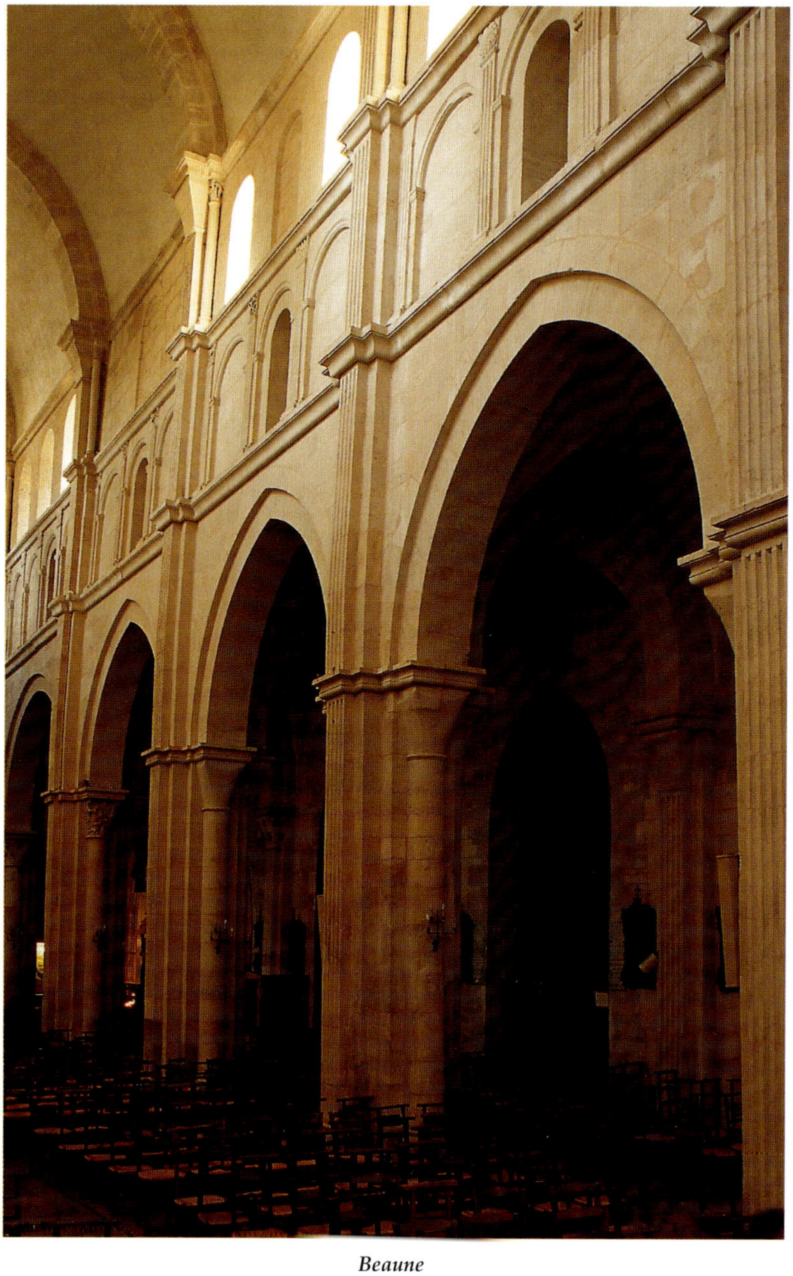

Beaune
Collégiale.

L'an 1000

Les terreurs de l'an 1000 n'ont jamais existé ; on a commencé à en parler au XVIe siècle ! Bien sûr, il y eut autour de l'an 1000 des catastrophes, mais pas plus qu'à d'autres époques.

Les documents relatifs à Cluny, et ils sont nombreux, ne parlent jamais de ces terreurs. Ce qui est plus important, c'est que les hommes qui vécurent à cette époque sont étonnants de dynamisme.

Odilon, abbé de Cluny, développa son ordre d'une façon remarquable ; il était lié à tous les princes ; le pape lui proposa l'archevêché de Lyon, il refusa ; il réformait, bâtissait, voyageait ; c'est sans son abbatiat que bien des églises romanes furent édifiées ; il participa à l'organisation de la Trêve de Dieu, et lança la fête de la Toussaint et le culte des morts ; on en parle encore.

Adélaïde, fille du duc de Bourgogne, mariée à Lothaire, carolingien, puis à Othon, germain, favorisa l'avènement d'Hugues Capet, fonda l'abbaye de Seltz en Alsace et arriva à se faire canoniser sans jamais se lamenter et après avoir été mariée deux fois !

Walter, évêque d'Autun constitua une bibliothèque célèbre.

Guillaume de Volpiano restaura, fonda, fit parler de lui en Italie, à Dijon, en Normandie.

L'an 1000 fut une époque de renaissance. Raoul Glaber, moine bourguignon, nous signale que la France se couvre d'un blanc manteau d'églises alors qu'il y en avait déjà partout !

Gerbert, le pape de l'an 1000, et Othon III forment le projet de reconstruire l'empire de Constantin ; ils n'ont pas si mal réussi puisque l'Empire romain dura jusqu'en 1804 et la monarchie capétienne jusqu'à la Révolution !

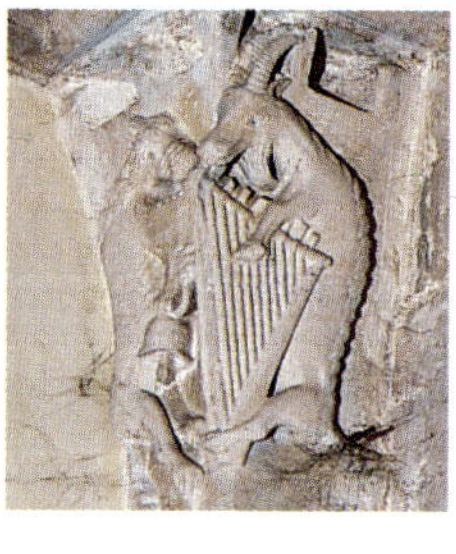

Beaune
Collégiale.
Animaux musiciens.

animaux musiciens, la chèvre qui gratte sa harpe et le lion à tête d'âne qui secoue sa cloche et souffle dans sa flûte de Pan, ils font ce qu'ils peuvent et se moquent de tout le monde. Ils sont là pour tourner en ridicule la prétention, la vanité et ils s'acquittent fort bien de leur tâche.

La collégiale contient de véritables œuvres d'art, ne serait-ce que les fameuses tapisseries contant la vie de la Vierge.

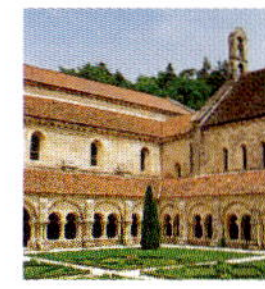

DIJON

La crypte de la cathédrale Saint-Bénigne de Dijon, bien que restaurée au XIXe siècle, reste l'un des monuments les plus vénérables de la Bourgogne. Construite au début du XIe siècle par l'abbé Guillaume de Volpiano, cette étonnante rotonde n'était que le bas d'une église qui avait deux étages supérieurs. Admirée de tout l'Occident, elle cache aujourd'hui sous la cathédrale sa forêt de colonnes, qui, malgré une sobriété absolue, apporte un charme peu commun à ce reliquaire. Quelques sculptures étranges et inquiétantes, des masques, des bras, des branches achèvent de donner une allure mystérieuse à ce sanctuaire à jamais silencieux.

Dijon
Saint-Bénigne.

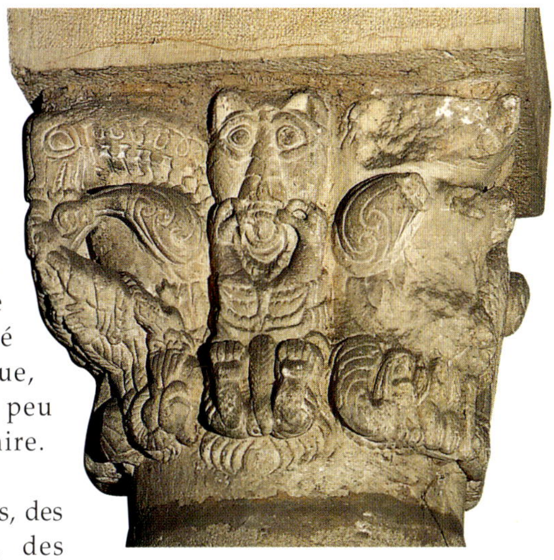

Guillaume de Volpiano

Guillaume fut moine à Dijon en l'an 1000 ; il n'avait rien de bourguignon, étant né en Italie vers 962. Moine, il se brouilla avec son évêque. Mayeul, abbé de Cluny, passant par là, le ramena à Cluny ; il restaura Saint-Bénigne de Dijon ; c'était en 990, avec une énergie redoutable. Il réforma ensuite un monastère à Fécamp en commençant par mettre à la porte tous les chanoines indignes. Il retourna en Italie, fonda un nouveau monastère et envoya un évêque en enfer. De retour en Bourgogne, il inventa pour les simples d'esprit une méthode pour leur apprendre à prier sur leurs doigts. Il était d'une sévérité extrême ; parfois, ses moines se sauvaient ; c'est lui qui fit construire la grande rotonde de Saint-Bénigne, rotonde qui possédait trois étages et qui résista jusqu'à la Révolution ; il ne reste que la crypte avec ses chapiteaux invraisemblables. Il lui arriva de se brouiller avec l'évêque d'Autun et avec l'abbé de Cluny. Il finit par mourir à Fécamp où on le vénère encore, à 70 ans. Il n'est jamais arrivé à se faire canoniser ; il ne semble pas qu'il en souffre !

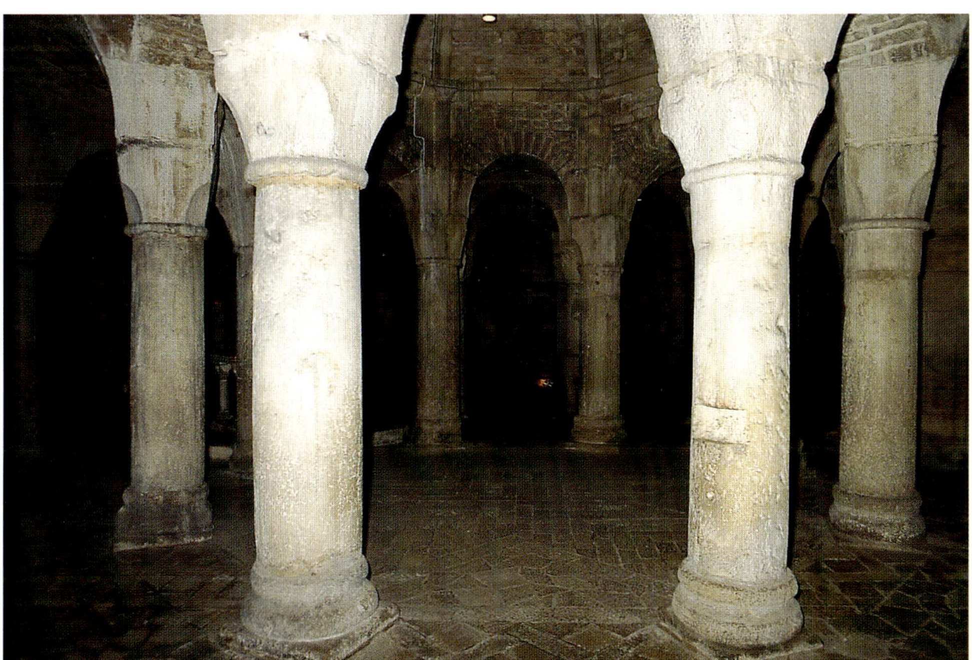

Dijon
Saint-Bénigne.
La crypte de Saint-Bénigne à Dijon, vestige de l'église construite au XIe siècle par Guillaume de Volpiano et reconstruite en style ogival aux XIIIe et XIVe siècles. Ventre de la mère qui crée et qui nourrit, la crypte n'est ni une cave, ni un tombeau, ni un repaire. Elle appelle la vie.

Du haut de Vézelay

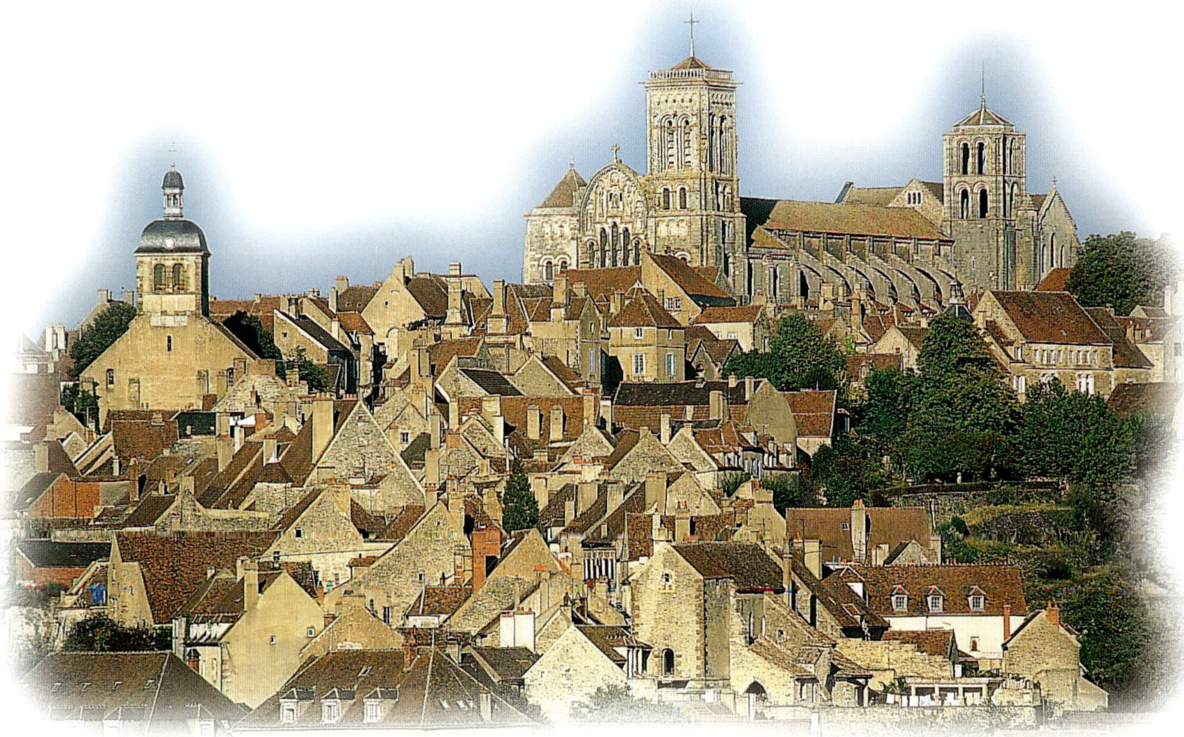

Vézelay
Cette merveille, perchée au sommet de sa colline, a failli s'effondrer au XIXe siècle mais fut sauvée par Viollet-le-Duc.

Du haut de Vézelay

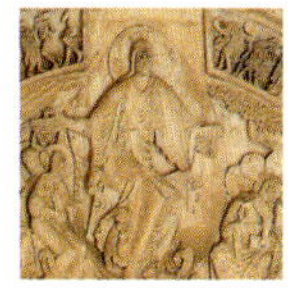

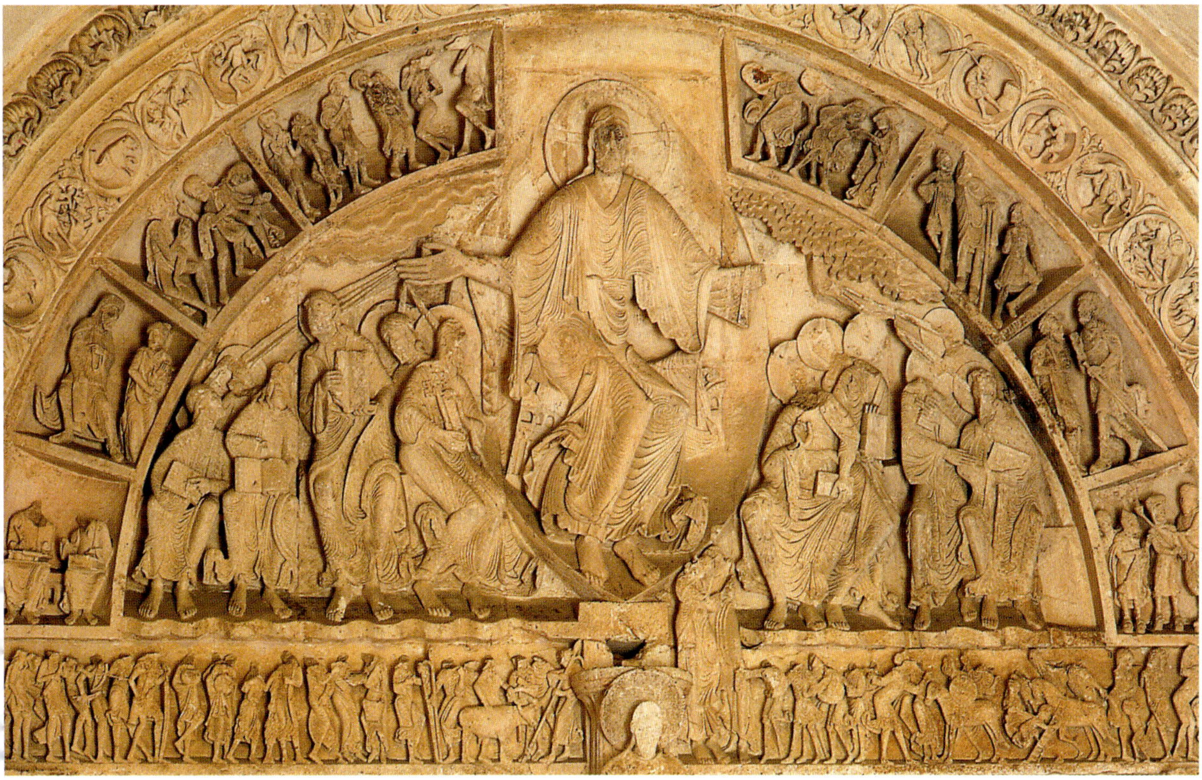

Le tympan du narthex de l'abbatiale Sainte-Madeleine de Vézelay.

Vézelay est « la » merveille de l'art roman bourguignon.

Et, pourtant, ce ne fut jamais facile à Vézelay ! Le monastère a eu des débuts difficiles. On s'est battu à Vézelay, on s'est tué, on s'est emprisonné. Un abbé a été assassiné, la tête coupée. Les habitants se sont révoltés contre les moines. Le comte de Nevers a semé la discorde. L'évêque d'Autun a provoqué le désordre. La voûte incendiée a tué. Vézelay, c'est tout sauf une colline pacifique. Et, pour finir, Vézelay a failli s'effondrer définitivement. Vézelay a été sauvé, de justesse, par Mérimée et Viollet-le-Duc.

Les restaurations ont été beaucoup moins tapageuses qu'on ne le dit. Le portail extérieur a été refait, une nécessité. Ce n'est pas une réussite, mais il ne nuit en rien à l'extraordinaire narthex qui protège le tympan magistral, anonyme, l'une des œuvres majeures de l'histoire de l'art. Le Christ majestueux, le Christ-Roi de la liturgie, le Christ qui ne souffre plus, qui ne prêche pas, envoie l'Esprit-Saint à ses apôtres qui devront partir aux quatre coins du monde annoncer la bonne nouvelle à tous les hommes, aux Juifs, aux Arabes, à ceux qui ont des têtes de chiens, des têtes de cochons, à ceux qui crachent le feu, aux géants, aux nains, à ceux qui sont affublés d'oreilles immenses : tout ce monde n'est

Vézelay

On croit trop facilement que les églises romanes ont été construites par des gens qui chantaient des cantiques. Il n'en est rien ! On se battait fréquemment lors de ces constructions ; à l'occasion, on se tuait ! À Vézelay, ce fut un évêque d'Autun, Norgaud, de sinistre mémoire, qui engagea la lutte ; il était brouillé avec tout le monde, même avec ses chanoines ! Il s'entendit avec le comte de Nevers pour faire assassiner l'abbé de Vézelay, qui dépendait de son territoire mais non de sa juridiction. Il réussit son exploit : l'abbé eut la tête coupée !

Les moines, puissants, lassaient parfois les habitants qui s'étaient groupés autour de leur monastère. À Tournus, on se tua également. Un évêque de Vienne qui était venu ordonner des prêtres se vit arrêter à son retour par les chanoines de Mâcon qui lui mirent une dague sur le cou, le menaçant de le tuer s'il renouvelait son exploit. Il ne le renouvela pas !

pas une invention du sculpteur, c'est la carte bien connue de l'époque où l'on s'émerveillait de savoir que des êtres invraisemblables vivaient un peu partout et que ces êtres avaient besoin qu'on leur réchauffe le cœur. Le Christ géant et lumineux, annoncé par Jean-Baptiste qui le présente à ses pieds, n'est pas un étranger : sur le tympan de droite, on le voit naître, on voit sa mère, on assiste à l'Adoration des Mages, et sur celui de gauche on le suit en compagnie des pèlerins d'Emmaüs, avec qui il prend un repas ; on le voit apparaître à ses apôtres émerveillés, prêt à quitter cette terre pour mieux la protéger.

Chapiteau de la Madeleine de Vézelay : le Moulin mystique.

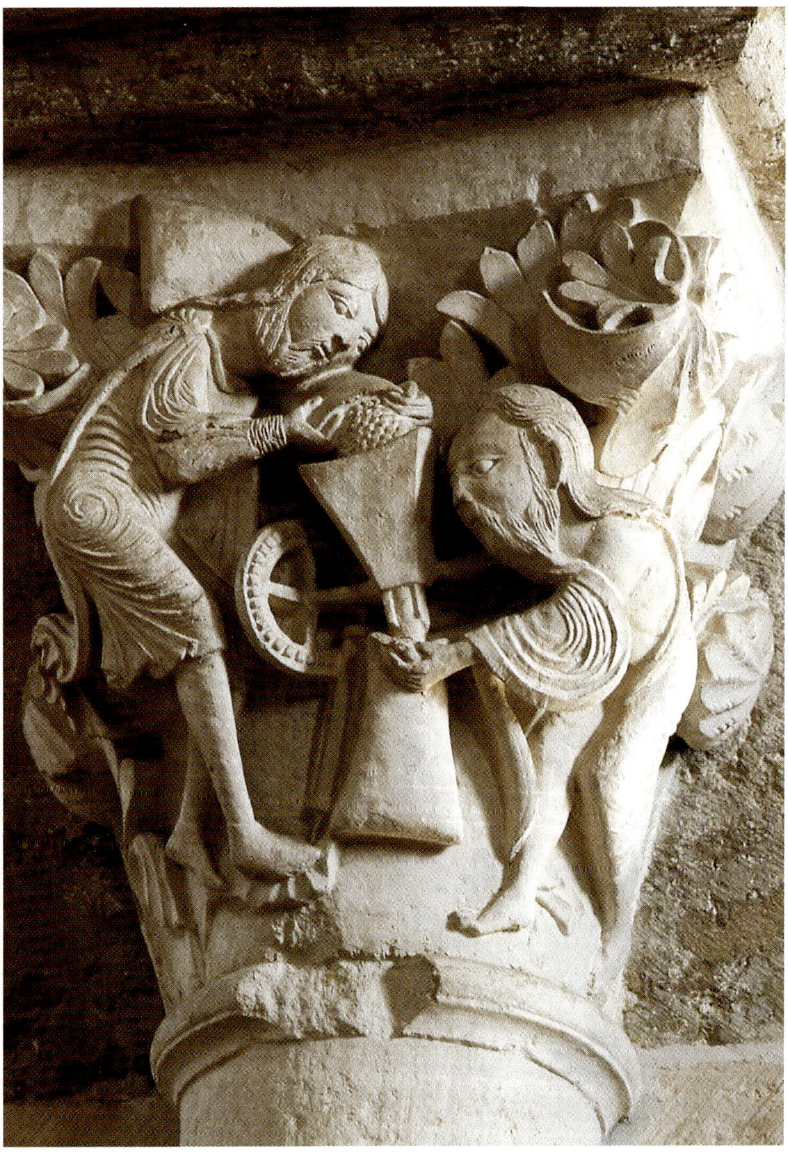

Lorsqu'on pénètre à l'intérieur de la basilique, quelle grandeur et quelle majesté ! Cette nef, édifiée par Renaud de Semur, neveu de saint Hugues, bâtisseur de Cluny, cette nef basse, profonde, peu solide, fragile, merveilleuse, n'est pas troublée par le chœur gothique, plus tardif, plus lumineux, peut-être trop lumineux.

Les voûtes de la nef abritent toute l'humanité, toute l'histoire de l'humanité. Les scènes de l'Ancien et du Nouveau Testament que nos ancêtres connaissaient parfaitement et que nous ignorons, la vie de quelques saints, les symboles les plus variés, les animaux de la forêt, ceux du désert. Tout cela, sculpté par des moines, plus ou moins habiles, par des moines parfois maladroits : on a tout mis en place et ce n'est pas l'une des moindres gloires de Vézelay. Cette église n'a pas été bâtie que par des hommes de génie. Tout le monde y a mis sa pierre. Personne n'a été rejeté, le résultat est admirable.

C'est en l'honneur de la Madeleine que tout ce travail a été réalisé. Elle repose dans la crypte. La Madeleine, cette femme mystérieuse, c'est elle que les pèlerins de toute l'Europe venaient prier ; ils ne se souciaient pas de lui faire des reproches. Ils ne lui demandaient même pas qui elle était ; ils lui demandaient son secret, elle qui, paraît-il, avait péché, elle qui (c'est certain) fut la première à recevoir le jour de Pâques la visite du Maître de l'Univers.

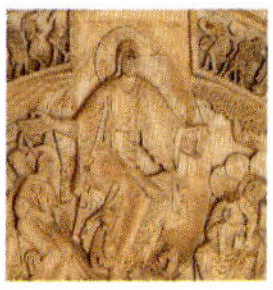

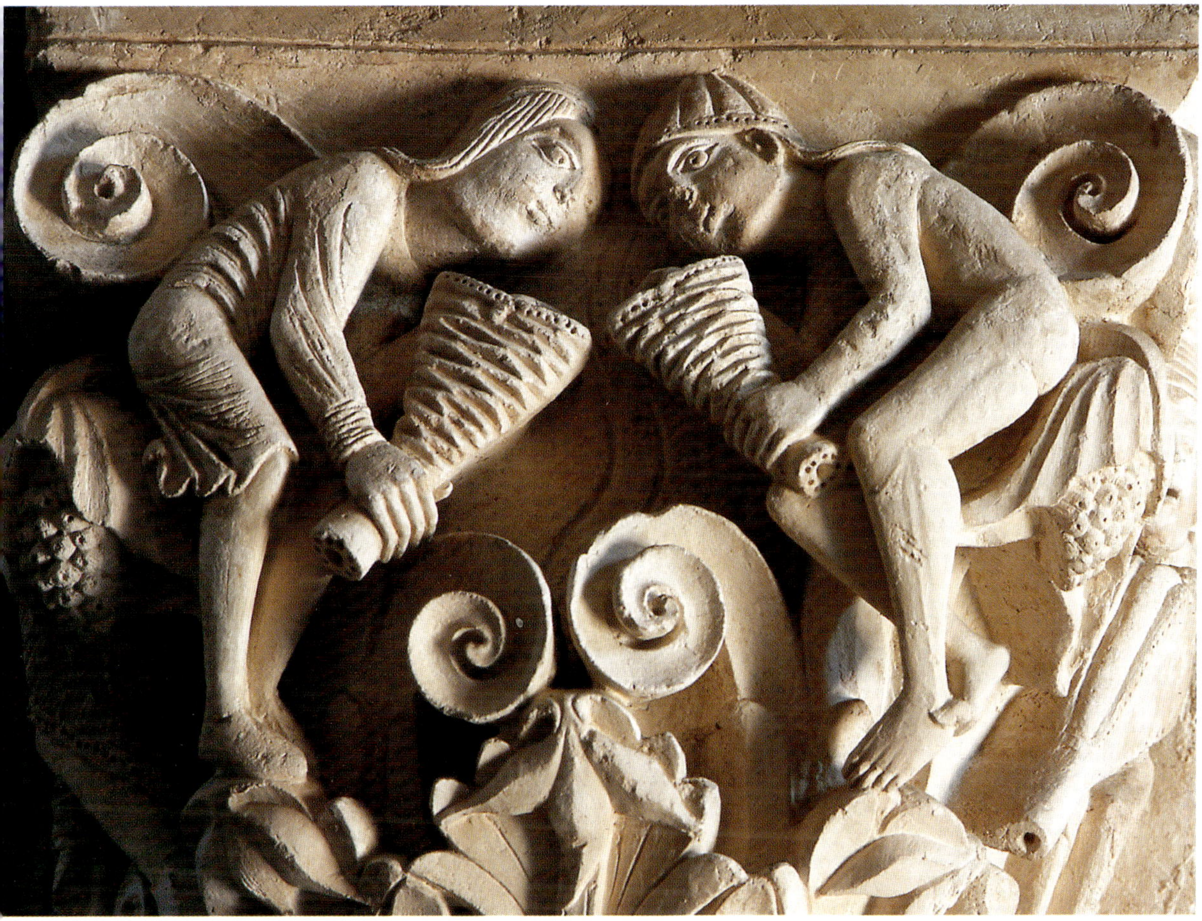

Vézelay
Chapiteau. Il s'agit d'une scène d'apiculture :
deux hommes examinent les paniers à abeille ; sur le côté du chapiteau, on les enfume.

PONTAUBERT

L'église de Pontaubert est un sanctuaire bien compris de la fin de l'époque romane avec quelques effluves suaves et discrets venant de la technique gothique. Le porche est plus tardif et le portail est orné de quelques sculptures bon enfant, représentant une Adoration des Mages et une Assomption. L'intérieur, d'un bel équilibre, est agrémenté par la présence de statues plus tardives, pleines de charme.

AVALLON

La collégiale d'Avallon provoque l'admiration grâce aux deux portails qu'elle conserve ; le troisième a malheureusement disparu lorsque le clocher s'effondra en 1633.

C'est le roman dans toute sa splendeur et son plein épanouissement où les rois, les prophètes, les hommes de la terre, les personnages bibliques, les animaux les plus étranges et la flore la plus luxueuse sont réunis d'une façon somptueuse dans un décor riche et varié pour chanter l'avènement d'un Christ glorieux qui, malheureusement, n'est plus là. La belle statue colonne, rescapée, ne fait que regretter la disparition de ses compagnes, mais sa présence permet de rapprocher cette partie de la Bourgogne de la sève parisienne qui provoquera Chartres et ses émules.

L'intérieur de l'église est bien surprenant avec ses niveaux différents ; l'arc brisé règne partout ; les feuillages des chapiteaux sont d'un style recherché, ils sont travaillés avec soin et sont quelque peu maniérés.

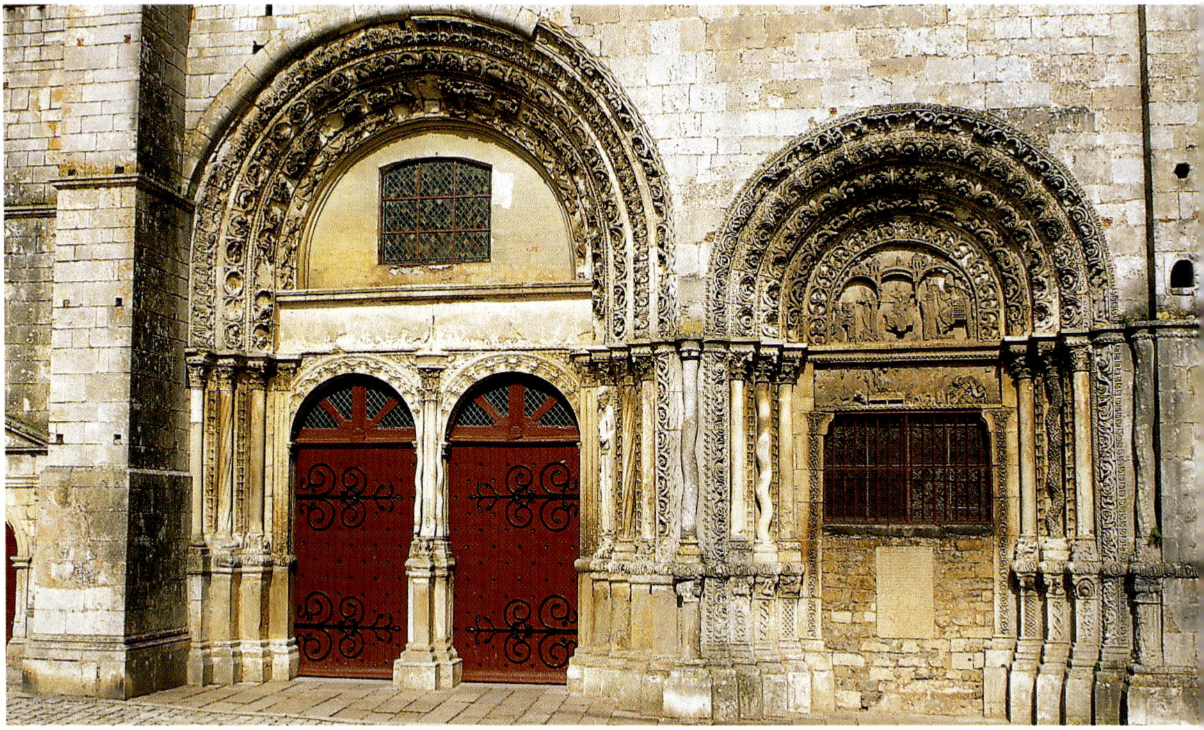

Avallon
Petit portail.

Saint Germain d'Auxerre

Germain, né vers 830, commença par être un « juriste ». Il étudia, dit-on, à Autun, ville où l'on a toujours étudié ; il se maria. L'évêque d'Auxerre, vieillissant, avait remarqué sa science et sa droiture ; il le fit élire évêque sans lui demander son avis ! Évêque, il commença par supprimer les impôts ! On lui demanda de venir en Grande-Bretagne afin de combattre les Pélagiens qui racontaient n'importe quoi sur la religion. En 430, le jour de Pâques, une bataille s'engagea : Germain fit chanter l'Alleluia à son armée : tout le monde gueula Alleluia, l'armée pélagienne disparut ! Il dut revenir une autre fois ; là, il fut catégorique ; il mit en prison tout ce qui sentait le Pélagien. On le fit venir à Ravenne, on ne sait pourquoi ; il fit un discours et mourut sur place. On le ramena à Auxerre ; le voyage fut un triomphe. On finit par déposer son corps dans l'église de Saint-Germain ; il y est encore. En 1944, on apposa une plaque sur l'église pour remercier saint Germain d'avoir protégé la ville !

AUXERRE

Auxerre roman, c'est d'abord un clocher : celui de l'abbaye Saint-Germain, un fier clocher solidement attaché au sol avec des contreforts qui jouent le rôle qu'ils doivent jouer, qui sont de plus en plus larges à mesure qu'ils arrivent vers le sol, mais qui n'écrasent personne.

Auxerre roman, ce sont surtout deux cryptes extraordinaires. Celle de Saint-Germain d'abord dans laquelle se trouve l'une des fresques les plus vénérables de l'art roman. Elle nous présente le martyre de saint Étienne. À l'époque romane, les martyrs ne meurent pas. Saint Étienne lapidé est en extase. D'après le texte qui raconte sa vie, on sait qu'il prononça un discours très long. À Auxerre, il ne dit rien, il contemple, sans souci, les pierres qu'il reçoit.

L'autre crypte est celle qui se trouve sous la cathédrale Saint-Étienne. Elle renferme elle aussi une des fresques les plus étonnantes du Moyen Âge. Il s'agit d'un Christ rayonnant, chevauchant un cheval blanc, accompagné de quatre anges également à cheval. La croix est là, mais c'est un Christ glorieux qui chevauche, un Christ splendide, heureux. Au cul-de-four de l'abside, ce n'est plus le Christ sur la route, mais un Christ de majesté entouré des symboles des quatre évangélistes. Cet ensemble est d'une grandeur et d'une dignité rarement égalées.

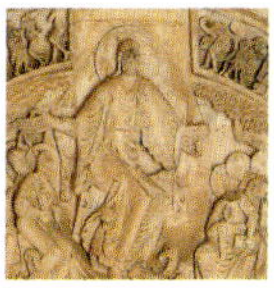

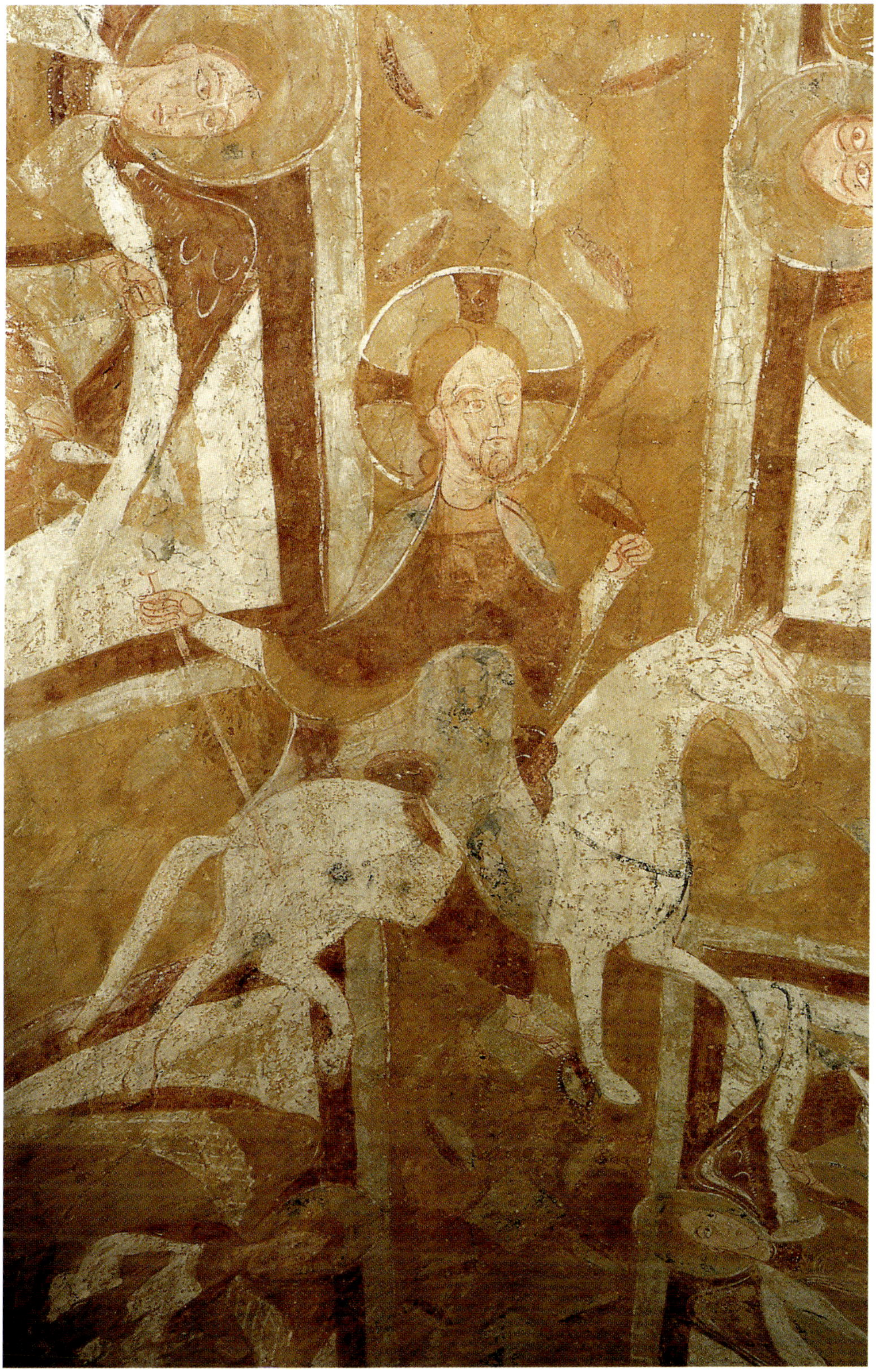

Auxerre
Crypte.
Le Christ, cavalier, sur un cheval blanc ; c'est merveilleux ! Le jour des Rameaux, il était sur un âne, par humilité ; là, il est sur un cheval, victorieux.

combats. On se bat beaucoup à la porte des églises ! On y voit un chevalier en pleine action, quelques monstres à abattre et saint Michel en personne terrassant le dragon.

Auxerre

Crypte. Les cryptes des églises du Moyen Age étaient lumineuses, chaleureuses, chaudes, on y brûlait des cierges, on y vénérait des reliques précieuses.

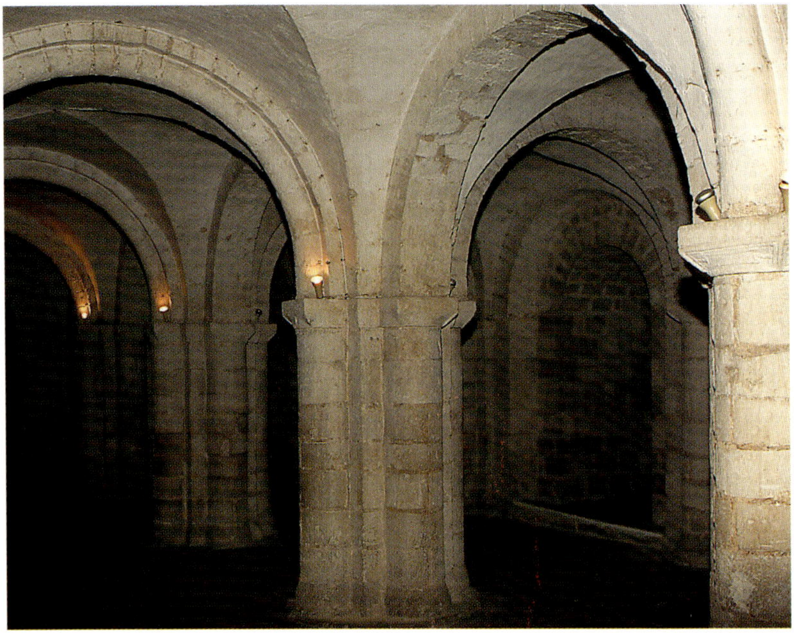

LAROCHE-SAINT-CYDROINE

L'église de Laroche-Saint-Cydroine : avant tout un solide clocher octogonal, trapu, imposant, soutenu par des piliers époustouflants. Les chapiteaux curieux, tourmentés. Le sculpteur devait avoir des problèmes... Il n'empêche que ses éléphants se promenant dans un décor de feuillages incongrus, ses deux paons buvant au calice de la vie avec leurs queues un peu folles se terminant en feuillages, la tête de chat qui crache des entrelacs, les oiseaux qui jouent aux boules avec une tête, témoignent d'un sens de l'humour qui n'est pas désagréable.

VERMENTON

Vermenton possède une église qui s'est édifiée du XIIe siècle au XIVe siècle. Du XIIe siècle reste une tour qui a fière allure. Elle s'est inspirée de celle de Saint-Germain d'Auxerre. Le portail date également de la fin du XIIe siècle. Il a été malheureusement fort endommagé et se contente de présenter quatre statues colonnes bien mutilées, supportées par quelques chapiteaux qui, à droite, chantent Noël avec l'arrivée et l'Adoration des Mages, Joseph qui dort et qu'on réveille avant la Fuite en Égypte. Les voussures ont conservé des anges gracieux, un zodiaque joyeux et des vieillards de l'Apocalypse rayonnants. Les chapelles situées sous les tours présentent également quelques chapiteaux de

DRUYES-LES-BELLES-FONTAINES

L'église de Druyes-les-Belles-Fontaines possède un bon gros clocher carré et un portail fort bien composé, animé par quelques masques et animaux plus ou moins louches ; la façade et tout l'ensemble de l'église sont imposants. La nef et les bas-côtés sont voûtés en berceau brisé ; des animaux se promènent dans le transept et le chœur ; ils sont plus ou moins sympathiques, plutôt plus que moins ; deux militaires font leur métier de militaires : ils se battent !

CHÂTEL-CENSOIR

L'église de Châtel-Censoir est perchée au-dessus du village ; seuls, le chœur et le chevet sont romans ; ils sont construits au-dessus d'une crypte vénérable ; le chœur possède quelques chapiteaux pittoresques avec des corbeilles de fleurs et quelques fauves égarés, menaçants et redoutables. Le reste de l'église, à l'intérieur comme à l'extérieur, date de la Renaissance ; c'est plus que savoureux ; c'est presque meilleur que le roman. Un retable représentant la Cène, sans être un chef-d'œuvre, apporte sa note de suavité à cette église fort originale.

Le chapelet des églises nivernaises

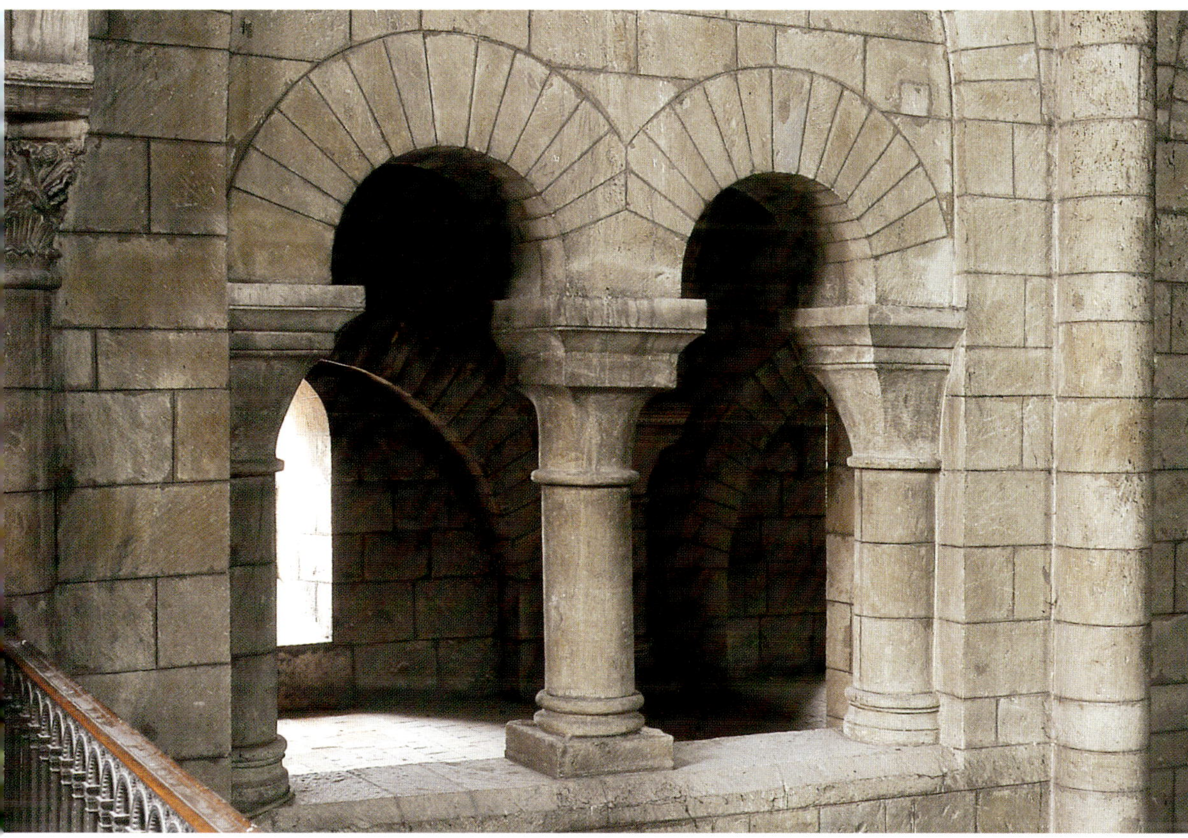

Nevers
Nef de Saint-Etienne. Voilà une église originale !
Aux XIe et XIIe siècles, on n'était pas accoutumé à voir des tribunes dégagées et éclairées ; le maître d'œuvre a été un précurseur.

NEVERS

L'église Saint-Étienne de Nevers déçoit quelque peu lorsqu'on l'aborde par la façade ; les deux tours, en effet, ont disparu et le clocher central n'a plus que sa base. Mais lorsqu'on longe l'église, on se rend compte que l'ordonnance est parfaite. Quand on arrive au chevet, on se doute que l'ordre et l'intelligence ont régné lors de la construction du monument. La vision de l'intérieur de l'église ne fait que confirmer ces impressions : voilà une église de la fin du XIe siècle qui se présente avec des proportions parfaites, une église romane qui se paye le luxe d'avoir des tribunes, un éclairage direct de la nef, sans s'arrêter en route, une église tellement bien pensée, tellement bien construite qu'on se demande pourquoi elle n'a pas eu de sœurs. Elle est unique.

Nevers
Eglise équilibrée, somptueuse, originale.

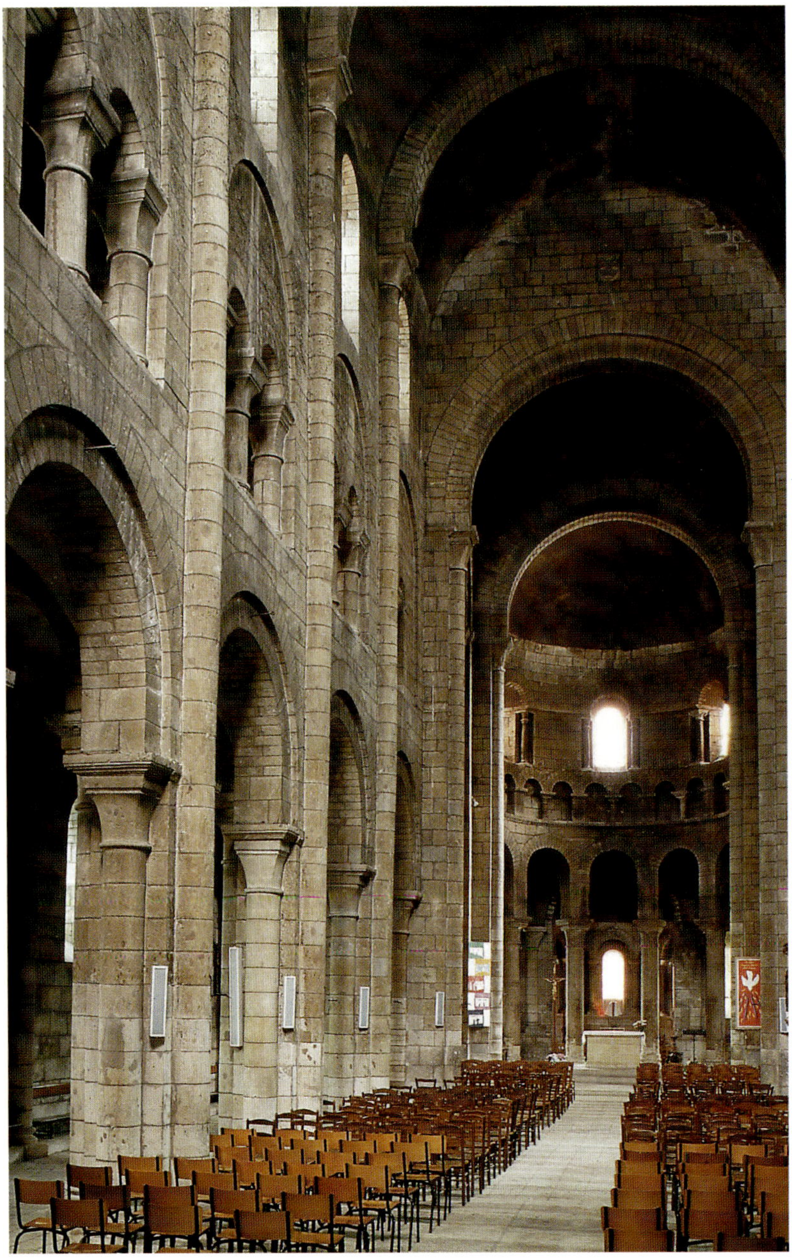

À Nevers, il convient d'admirer également les restes de sculptures venant de l'église Saint-Sauveur en partie détruite et qui se trouvent au musée archéologique, en particulier un splendide aspic, un âne musicien jouant de la cithare et un tympan où l'on voit le Christ remettre les clefs à saint Pierre.

GARCHIZY

Garchizy possède un clocher octogonal fort soigné ; la toiture ayant été surélevée, le clocher est un peu engoncé ; il n'empêche que les artisans qui l'ont réalisé ont fait preuve d'un esprit curieux et réalisé un travail original et personnel, en s'inspirant de thèmes décoratifs classiques placés un peu vaille que vaille. Le portail n'a pas de tympan, mais les chapiteaux racontent la vie de saint Martin et présentent quelques scènes de l'enfance du Christ ; tout cela est très vivant et sent bon le terroir bourguignon. Plusieurs de ces sculptures sont des copies ; les originales se trouvent au musée archéologique de Nevers.

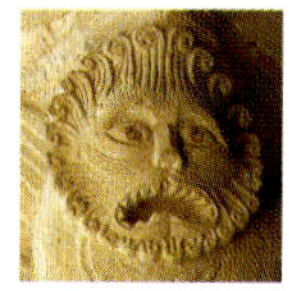

La Charité-sur-Loire
Chevet.

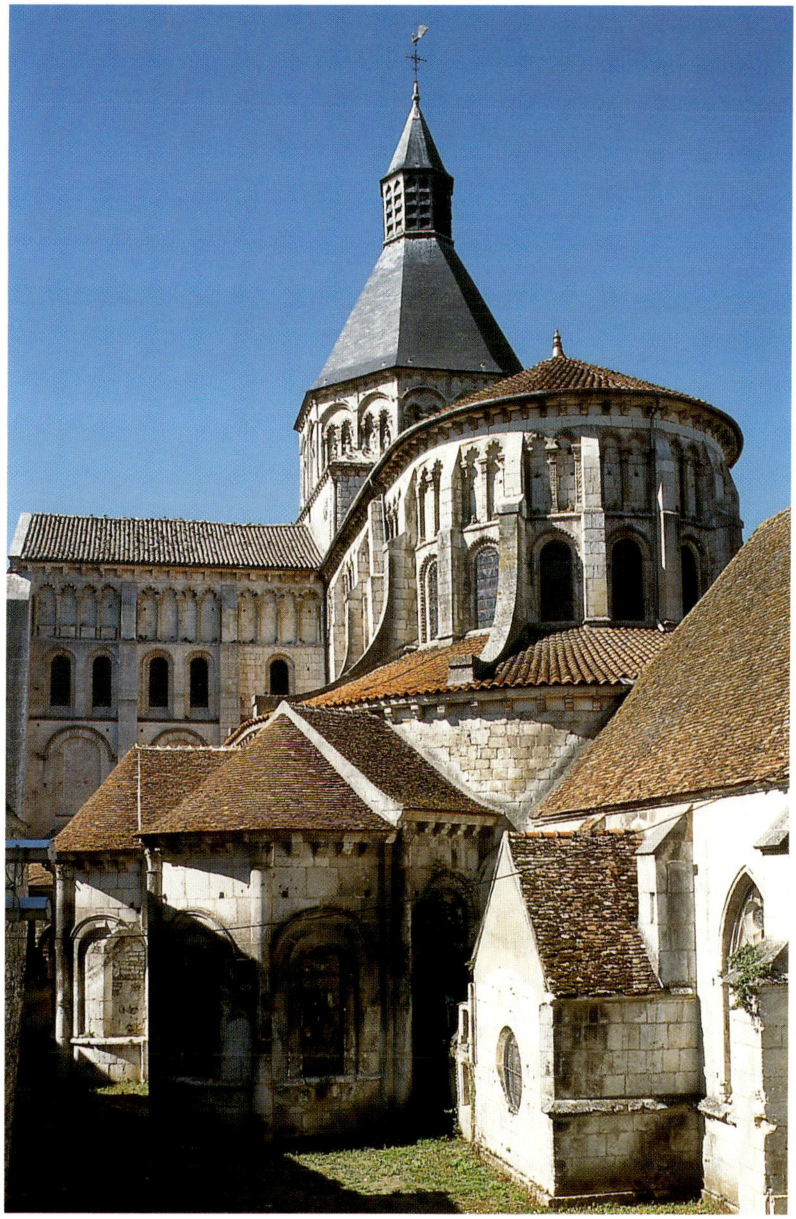

À l'intérieur, seul le transept est roman avec ses arcs brisés et ses colonnes engagées ; quelques chapiteaux présentent des animaux rustiques et quelque peu égarés.

CHAMPVOUX

L'église de Champvoux, égarée dans les prés, mutilée, c'est, à l'extérieur, une abside et deux absidioles très allongées, dépouillées, sans fard ; l'impression de hauteur se retrouve à l'intérieur du chœur grâce à des colonnes monolithes surmontées de chapiteaux, dont l'un représente un bœuf un peu perdu et un autre un joueur de flûte fort appliqué à son travail.

La Charité-sur-Loire

Dans le transept de La Charité-sur-Loire, on rencontre tous les animaux de la Création ; on sait que les églises clunisiennes étaient abondamment décorées de chapiteaux. On sait que saint Bernard partit en guerre contre les sculptures des églises clunisiennes. Il en devient ridicule ! On a un peu l'impression que les sculpteurs de La Charité-sur-Loire ont accumulé les représentations d'animaux pour faire pièce à saint Bernard ! Des génies, il en faut, mais pas de trop. Si tout le monde avait obéi à saint Bernard, il n'y aurait pas de sculptures dans nos églises romanes, ce serait une catastrophe !

LA GLOIRE DE LA CHARITÉ

La Charité-sur-Loire fut en son temps une des gloires de l'Europe. L'abbaye « fille de Cluny » connut une prospérité étonnante au XIIe siècle. Elle eut elle-même un très grand nombre de filles et avait la bonne fortune de se trouver sur le chemin de Saint-Jacques-de-Compostelle. C'est un incendie en 1559 qui provoqua la ruine de l'église. Les éléments encore debout sont suffisamment éloquents pour faire

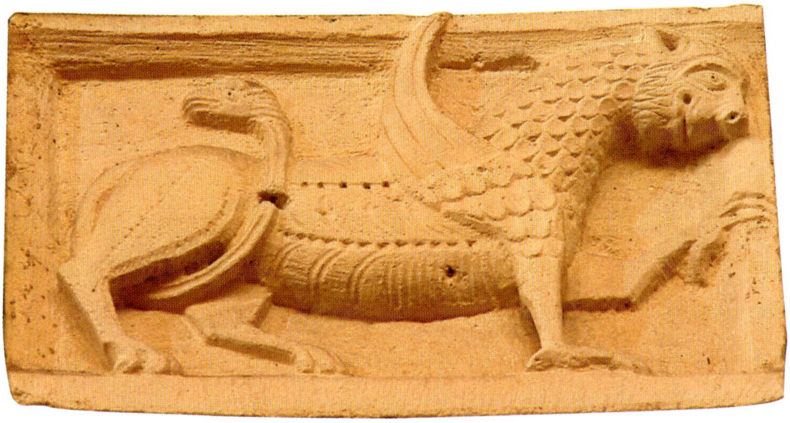

La Charité-sur-Loire
Tous les animaux de la Création sont représentés.

regretter ce qui a disparu de cette église presque aussi vaste que l'église abbatiale de Cluny.

Ce qui impressionne dans ce monument, indépendamment de sa majesté, c'est l'abondance et la variété de la décoration. La tour de façade à elle seule est un éblouissant exercice de décoration. On pourrait croire qu'à La Charité on a voulu aller à l'opposé des idées de saint Bernard. Le moindre arc, le moindre pilastre, la moindre voussure est l'occasion de recherches où se retrouve tout ce que le XIIe siècle connaissait en fait d'éléments décoratifs. On pourrait presque dire : cela suffit. Même sur les murs, même à l'intérieur des arcs, on a placé des personnages, apôtres et autres qui, malgré leur altitude, ont été sculptés avec autant de soin que s'ils se promenaient par terre.

De la façade subsistent deux tympans dont l'un est en place et l'autre, déposé, qui se trouve à l'intérieur de l'église. Celui qui est en place nous présente un sujet charmant et souriant, même s'il ne perd rien de sa solennité. Il s'agit de la réception de la Vierge au ciel par le Christ, qui se tourne pour l'accueillir et l'écouter. Sur le linteau, nous assistons à quelques scènes de la vie de la Vierge et de l'enfance du Christ. Ces scènes classiques et discrètes rendent avec perfection la douceur de Noël. On ne sait ce qu'il faut admirer le plus, le sourire de l'ange de l'Annonciation, la joie de la Visitation, le bonnet de saint Joseph, l'âne qui réchauffe l'Enfant, les guêtres du berger ou ses petits moutons.

En pénétrant à l'intérieur de l'église, on ne peut être qu'impressionné (malgré les restaurations) de la splendeur et de l'ampleur du volume. On peut voir alors le second tympan présentant dans sa partie supérieure une Transfiguration très intéressante avec, à gauche, un Moïse fort élé-

La Charité-sur-Loire
Détail d'un chapiteau du chœur.

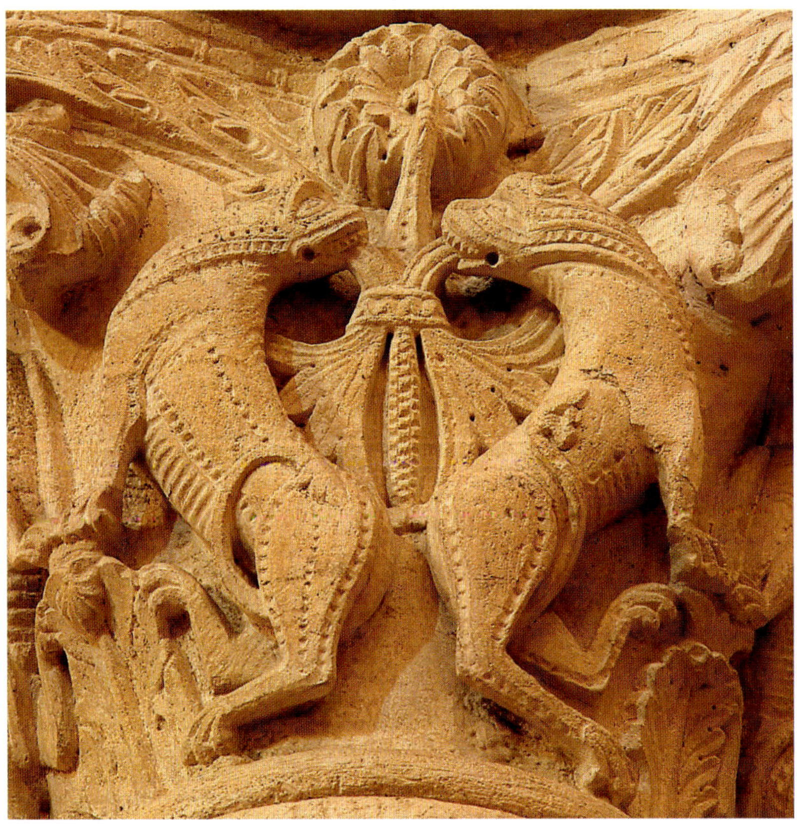

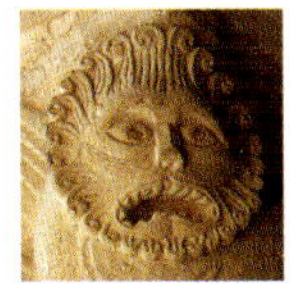

gant : le rythme de son corps suit la courbe de la gloire et avec, à droite, Élie porteur d'une barbe admirable. Les trois apôtres, un peu gênés, expriment avec beaucoup de vérité leur effarement. Le Christ est serein. La décoration est peut-être un peu maniérée, mais elle reste très douce. Sur le linteau, nous assistons à l'Adoration des Mages et à la Présentation au temple. Les Mages sont bien dignes dans leur empressement. Saint Joseph est en retrait, mais il est là et dans la Présentation, la Vierge est vraiment heureuse de tenir à bout de bras son Enfant que le vieillard Siméon est prêt à recevoir.

Avec le chœur, on retrouve la même décoration exubérante que celle du clocher. Les galons, les chevrons, les billettes, les palmettes, les besants, les rubans et autres multiples procédés de décoration se retrouvent partout. Tous les monstres de l'époque romane sont là au sommet des piliers, affrontés, adossés, enroulés, crachant, avalant, contournant, lions, dragons, sirènes, serpents, lézards, aspics, basilics, dromadaires, singes, salamandres, centaures et rapaces de toutes sortes. Tout ce que l'imagination a pu inventer est là dans un ballet qui, il faut l'avouer et malgré les apparences, ne manque pas d'élégance.

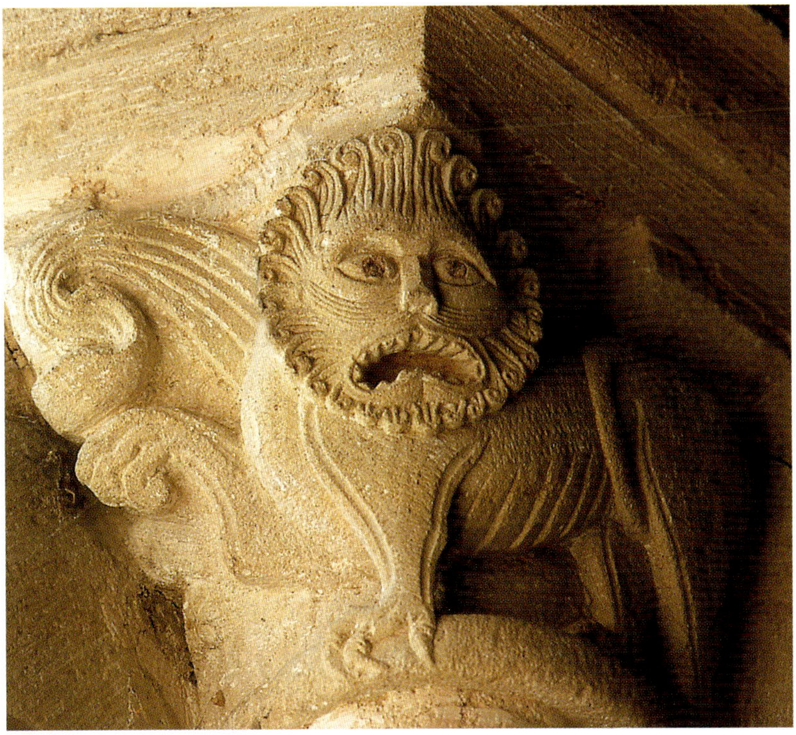

Saint-Révérien
Il est évident que le Robert qui sculpta ce lion avait un sens de l'humour très développé.

SAINT-RÉVÉRIEN

L'église de Saint-Révérien a été victime d'un incendie en 1723. Une restauration récente en fait une des églises romanes les plus extraordinaires de la région, avec ses anges cariatides, ses piliers, son chœur, son déambulatoire et ses chapiteaux invraisemblables où, à côté de feuillages très sages, on rencontre toute une faune acrobatique composée de lions, d'oiseaux, de tortues, de serpents, de masques entortillés les uns avec les autres, se dévorant réciproquement, au milieu d'entrelacs inextricables ; au milieu de tout cela, on peut admirer l'enfer avec ses diables dégoulinants, le Jugement dernier avec l'indispensable balance, la vie de Jacob qui se promène avec son échelle tordue, les bergers terrorisés, qui regardent les anges de Noël, les Vieillards de l'Apocalypse avec leurs harpes et leurs calices et, pour achever le tout, David qui danse en compagnie de rois barbus. Robert nous assure qu'il est l'auteur de ces sculptures : Robertus me fecit ; il venait probablement de La Charité-sur-Loire, où l'on trouve déjà le même foisonnement et la même verve. Dans le cul-de-four on a remis au jour une peinture murale du XVIe siècle représentant les joyeuses litanies de la Vierge et, dans une chapelle, d'autres peintures parmi lesquelles on reconnaît saint Jean-Baptiste portant l'agneau. Saint Révérien, évêque d'Autun au IIIe siècle, est représenté par une statue du XVIIe siècle ; décapité, il se promène avec sa tête, fort dignement.

DONZY-LE-PRÉ

L'église de Donzy-le-Pré est en partie détruite. Son narthex possède quelques sculptures à feuillages, apparentées à celles de Saulieu. Le portail, en partie conservé, décoré de motifs peut-être un peu trop fins, possède un tympan très personnel avec une Vierge à l'Enfant, assise sous un dais. La Vierge est un peu trop consciente qu'elle est mère de Dieu ! L'ange thuriféraire déploie ses ailes comme il peut et Isaïe, le prophète, est un peu seul dans son cadre un peu vide. Mais tout cela est bien original.

COSNE-SUR-LOIRE

L'église Saint-Agnan de Cosne a pris feu. La voûte s'est effondrée. Il ne reste de la vieille église que le chevet et le porche. Le chevet est fort correct, d'une conception très équilibrée. Très sobre, le portail, dans trois de ses voussures, s'anime avec la quatrième grâce à une décoration originale, où sont placés les uns à côté des autres, sans se gêner nullement, le Christ, des personnages inconnus, les symboles des évangélistes, toute une faune plus ou moins hétéroclite et l'irremplaçable âne musicien.

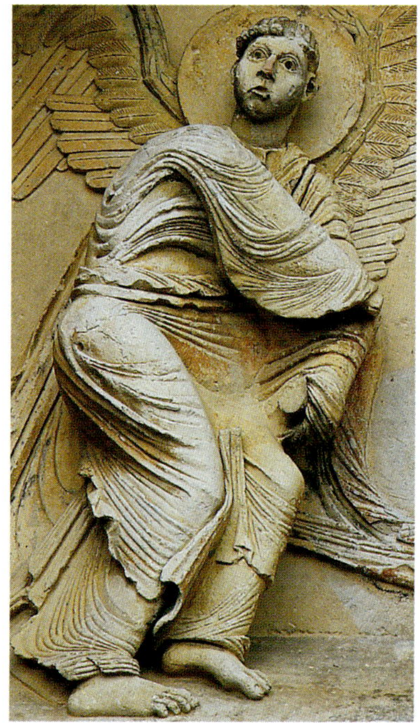

Donzy-le-Pré
Ange.

Donzy-le-Pré
L'auteur du tympan n'est peut-être pas un génie, mais c'est un homme sérieux. Il a le culte du vide : reconnaissons que la Vierge se prend un peu trop au sérieux !

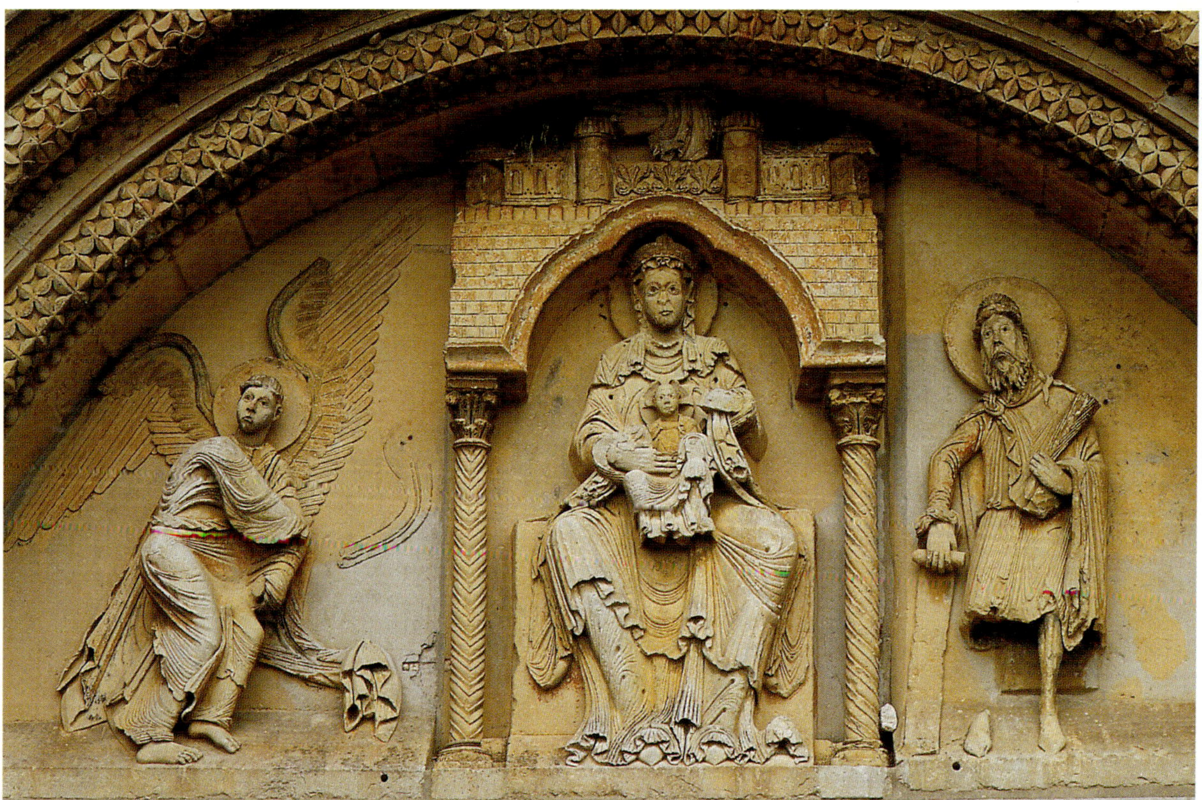